국가의
잃어버린
부

La richesse cachée des nations

국가의 잃어버린 부

가브리엘 주크만Gabriel ZUCMAN 지음 | 오트르망 옮김

| 조세도피처라는 재앙 |

앨피
Long Playing Book

차례

도표와 표

조세도피처들에 대항하기

일러두기

본문의 ( )는 저자의 설명, 별색의 고딕체 글씨는 옮긴이의 설명이다.

조세 도피처의 존재는 현재 유럽 재정 위기의 핵심이지만, 이를 어떻게 극복해야 하는지 제대로 아는 사람은 아무도 없다. 어떤 사람들은 싸워 보지도 않고 백기를 든다. 런던에서 델라웨어, 홍콩에서 취리히, 이 역외 중심지들은 금융자본주의에 절대적으로 중요한 톱니바퀴들이고 전 세계 부자들과 세력가들이 이 톱니바퀴를 활용하고 있다. 이웃 나라들보다 더 적은 세금과 더 느슨한 규제를 제안하는 나라들은 언제나 있다. 그들은 말한다. 우리가 그들에 맞서 할 수 있는 일은 아무것도 없다고. 자금은 언제나 도피처를 발견할 것이고, 여기를 치면 저기로 달아날 것이라고. 조세 도피처 없는 자본주의는 유토피아일 뿐, 보호주의의 길로 들어서지 않는 한, 소득과 자산에 부과하는 누진세는 사라질 운명이라고 말이다.

그런가 하면, 또 다른 사람들은 이 전투에서 우리가 거의 승리했다고 본다. 여러 국가의 정부들과 경제협력개발기구(OECD)의 결정 덕분에, 그리고 많은 스캔들과 폭로 덕분에, 조세 도피처가 머지않아 몰락할 것이라고 말이다. 금융 위기 이후 새로운 세수稅收를 찾는 강대국들의 맹공으로 모두 은행 비밀계좌를 포기하기로 약속했고, 다국적기업들도 결국에는 비밀계좌를 반환하고 빚을 갚을 것이다. 끝내는 덕德

이 승리할 것이다.

그러나 어느 쪽 주장도 사실이 아니다. 이 책은 이 두 가지 견해 모두에 반대하는 입장을 취한다. 그리고 전례 없는 조사를 보고할 것이다. 조사 결과는 명백하다. 요컨대 오늘날만큼 조세 도피처가 건재한 적이 없다는 것이다. 조세 도피처에 대한 '승리'는 수많은 담론 속에만 등장할 뿐, 이를 입증하는 수치는 그 어디에도 없다. 불법을 저지르는 조세 포탈자들은 거의 처벌 받지 않는다. 최근 조세 도피처들이 내놓은 약속들은 너무 모호하고 그 통제 수단도 허술해서, 가까운 미래에 어떠한 개선도 기대하기 어렵다.

하지만 이 같은 흐름을 역전시키기에 너무 늦은 것은 아니다. 초超갑부와 대기업의 조세 포탈은 저지될 수 있다. 이 책은 이를 성공적으로 저지할, 세 개의 축을 중심으로 구성된 구체적이고 현실적인 행동 계획을 제안하고자 한다.

해결책은 있다

먼저 실용적 차원의 해결책이 존재한다. 가장 긴급한 것은, 전 세계 주식과 채권의 권리관계를 기록한 유가증권등기부를 만드는 것이다. 이는 21세기 자산가들을 상대로 세금을 부과하는 데 필수적인 조건이다.

유토피아 같은 이야기일까? 하지만 스웨덴에는 이미 이런 등기부가 존재한다. 룩셈부르크의 클리어스트림Clearstream 은행 같은 민간 기업에는 더 세분된 형태의 등기부가 보존되어 있다. '우리'의 목표는, 한 마디로 이 등기부들을 통합하고 그 범위를 확대하여 해당 유가증권의 소유권을 국가로 이전시키는 것이다. 1791년 프랑스대혁명기의 제헌의회도 프랑스 토지대장을 만들었다. 프랑스 전역의 부동산을 조사하고 그 가치를 기입하여 앙시앵레짐 프랑스혁명 전의 구체제 을 좀먹던 특권, 즉 귀족과 성직자가 누리던 비과세 혜택을 폐지하기 위해서였다. 오늘날의 불공정을 끝장내기 위해서는 '세계금융등기부'를 만들어야 한다. 그렇지 않으면 종국에는 이 불공정이 민주주의 정체政體 자체를 좀먹을 것이다.

이 금융등기부가 제대로 작동하려면 나라들 간의 금융 정보 교환이 의무화되어야 한다. 프랑스 은행들은 십수 년 전부터 고객들이 취득한 소득과 관련해 은행이 보유하고 있는 모든 정보를 프랑스 세무 당국에 제공하고 있다. 이 정보들은 납세 신고의 사전 이행을 활성화시키고, 프랑스 은행을 매개로 한 조세 포탈을 불가능하게 만들었다. 그러므로 두 번째로 긴급한 사항은, 이러한 시스템을 조세 도피처에 있는 은행들로 확장시키는 것이다. 국가 간의 의무적인 데이터 교환만으로는 금융 불투명에 봉착할 위험이 있다. 하지만 세계금융등기부가 있다면, 이를 근거로 한 정보 교환만으로 초갑부들의 집단적 조세 포탈을 얼마든지 저지할 수 있다.

여기에 반대하는 사람은 아무도 없다. 사리사욕을 위해 비밀계좌를 방어하려는 조세 도피처가 아니라면 말이다. 바로 그렇기 때문에 내가 제안하는 두 번째 해결책은 정치적인 것이다. 요컨대 조세 도피처는 제재 위협이 있어야만 굴복한다. 이 책은 나라들 간의 협력, 즉 조세 도피처들을 궁지에 몰아넣을 수 있는 국가 동맹 형태와 제재 방안을 구체적이고 명확하게 제시할 것이다.

프랑스 혼자서는 할 수 있는 일이 별로 없다. 국가 동맹이 어떤 역할을 하든지 간에, 금융 투명성이나 새로운 법 또는 담당 공무원 확충을 주장하는 정도로는 스위스나 싱가포르의 항복을 받아 낼 수 없다. 이 문제를 풀 수 있는 진정 중요하고 유일한 관건은, 국제적 역학 관계이다. 그나마 다행인 것은, 이 역학 관계가 근본적으로 조세 도피처에 호의적이지 않다는 점이다. 그 어떤 조세 도피처도 유럽 주요국들과 미국의 공동 의지에는 맞설 수 없다. 그러므로 이 싸움은 승산이 있다. 적당한 선에서 전선이 형성되고, 각국 정부가 그들이 입은 손실에 상응하는 제재 부과를 두려워하지 않는다면 말이다.

내가 제시하는 추산은, 프랑스·독일·이탈리아가 동시에 스위스산 재화에 30퍼센트의 관세를 부과한다면 이것이 스위스에 비밀계좌 포기를 압박하는 조치가 될 수 있음을 보여 준다. 그러면 스위스 은행이 조세 포탈로 벌어들이는 수익보다 스위스가 지불해야 하는 비용이 더 커질 것이기 때문이다. 룩셈부르크처럼 재정 불투명으로 먹고사는 극소국가들을 상대하려면 더 멀리까지 밀고 나가야 한다. 준準금융 봉쇄, 어쩌면 룩셈부르크를 유럽연합(EU)에서 축출하는 것까지 고려해야 할지도 모른다. 제아무리 금융 강대국이라 한들, 결국 조세 도피처들은 경제적으로나 정치적으로 매우 왜소한 국가들이다. 스위스가 그러할진대 바하마나 저지 섬은 굳이 말할 필요가 없다. 이 약점을 이용해 그들을 압박해야 한다.

단도직입적으로 말해, 내가 제안하는 관세율을 세계무역기구(WTO)가 반대할 이유는 전혀 없으며 오히려 그 반대라는 점을 분명히 해 두자. 이 관세율이란 것은 비밀계좌들이 다른 나라들에서 발생시키는 비용에 해당한다. 그러므로 비밀계좌는 이웃 나라 정부들을 약탈할 여지를 역외 은행들에 제공하는, 은닉된 형태의 보조금과 다르지 않다. 자유무역의 논리에 입각해 보면 이러한 도적질은 결코 정당화될 수 없다. WTO 자체 규정에 따르면, 피해를 입은 국가는 자국이 당한 침해에 맞먹는 보복을 가할 권리가 있다. 피해국이 보복을 하지 않는 것은, 그들이 조세 도피처로 인해 입은 손실을 산정할 방법을 찾지 못했기 때문이다. 이 책은 비밀계좌가 발생시키는 비용을 투명하게 수치화함으로써 은닉 자산으로 연명하는 국가들에게 처음으로 법적 제재를 가할 수 있는 길을 열 것이다. 조세 도피처는 국경을 폐쇄하는 방식이 아니라, 조세 문제를 무역정책의 중심 문제로 재설정함으로서 제압할 수 있다.

마지막으로 조세 도피처 문제를 해결할 경제적 차원의 행동 계획이 있다. 설령 비밀계좌가 완전히 사라진다 하더라도 조세 불공정은 계속될 우려가 크고, 극도로 부유한 사람들이 세금을 거의 내지 않을 수 있는 합법적·불법적 수단들은 쉽게 근절되지 않을 것이다. 다국적기업은 여전히 세금이 적게 부과되는 곳에서 수익이 발생하도록 조작할 것이다. 따라서 조세 도피처 문제는 '자본에 대한 과세' 문제 자체를 재고하게 한다.

자산에 대한 글로벌 누진세의 창설은 이 문제를 푸는 하나의 해결책이다. 이 책은 이를 실현할 구체적 방안을 제시할 것이다. 각 나라정부가 자산에 대한 적극적인 과세 의지를 포기한 이유는 자산들이 은닉될 우려 때문이다. 하지만 이 위험은 얼마든지 피해 갈 수 있다. 이 책이 제안하는 세계금융등기부의 창설은 은닉에 맞서는 치명적 무기가 될 것이다. 국제통화기금(IMF)은 단기간에 이 등기부를 만들어 낼 수 있는 기술적 수단들을 보유하고 있다. 세계금융등기부가 만들어지기만 하면 모든 자본에 대한 과세가 가능해지고, 자본에 대한 과세는 초갑부들의 조세 포탈에 종지부를 찍게 될 것이다. 금융 불투명의 소멸과 더불어 각 국가들은 조세 도피처가 가로채 갔던 주권을 되찾고, 되찾은 주권을 통해 급증하는 불평등에 대항할 수 있는 수단을

다시 강구할 수 있게 될 것이다.[1]

이 해결책은 법인세 과세 문제도 철저히 개혁시킬 것이다. 현재 법인세는 한계 상황에 봉착해 있다. 경제협력개발기구(OECD)가 권장하는 것 같은 미봉책으로는 이러한 상황을 결코 타개할 수 없다. 21세기에는 지금처럼 다국적기업의 소득에 대해 국가별로 법인세를 과세해서는 안 된다. 그들의 글로벌 소득 전체가 과세 대상이 되어야 한다. 다국적기업의 국가별 수익은 회계 전문가 무리들에 의해 조작되기 때문이다. 이 새로운 방식의 과세는 전 세계에서 과거보다 30퍼센트 이상 많은 세수稅收를 유럽 주요국과 미국에 가져다줄 것이다. 조세 최적화의 왕들인 구글, 애플, 아마존은 대부분의 상품을 유럽과 미국에서 판매하면서 세금을 전혀 내지 않거나 거의 내지 않고 있다.

이 책이 제시하는 세 가지 차원의 해결책 혹은 행동 계획은 하나의 전체를 형성한다. 위협이나 제재가 없는 세계금융등기부와 정보 의무 교환은 처음부터 실패하고 만다. 관리 수단의 부재를 틈타 조세 포탈

---

1 이러한 관점에서, 이 책은 토마 피케티Thomas Piketty가 그의 저작《21세기 자본Le Capital au XXIe siècle》(Paris, Seuil, 2013)에서 진척시킨 성찰의 연장선상에 있다.

자들은 계속해서 자본에 대한 세금을 전혀 내지 않을 확률이 대단히 높다. 그리고 그들이 세금 포탈에 성공하는 한, 금융 불투명성에 맞서 투쟁하려는 정치적 의지는 사라지고, 각 국가가 기업의 자산과 수익을 제대로 산정할 필요성은 희미해질 것이다.

조세 도피처가 발생시키는 비용

지금까지 살펴본 대로, 조세 도피처에 맞서 싸우는 투쟁은 특별한 결집을 필요로 한다. 그런데 혹시 본전도 못 찾게 되는 것은 아닐까? 이 행동 계획에는 당연히 비용이 든다. 수많은 국제 협약들이 재협상되어야 하고, 역외 은행들에서 나오는 교환 자료들을 처리할 컴퓨터도 새로 구매해야 할 것이다. 비밀계좌로 먹고사는 극소국가microstate들도 가만히 있지 않을 텐데, 보복을 감행하는 조세 도피국에는 가장 강력한 제재를 가해야 한다. 스위스, 홍콩, 싱가포르 등 손가락질당하기를 원치 않는 거대한 금융시장과는 긴장 관계에 놓일 가능성이 크다.

하지만 이러한 비용을 지금 우리가 치르고 있는 비용과 비교해 보라. 다음 예들만 보더라도 현재 발생하는 비용은 엄청나다. 지난 5년 동안 아일랜드와 키프로스 등 비대한 금융 체계를 가진 두 역외 중심지에서 은행들이 파산하여 수백만 명의 사람들을 비참한 상태로 몰아넣었다. 미국 의회는 지구상에서 가장 큰 기업으로 손꼽히는 애플이 수익을 조작해 수백억 달러의 과세를 회피했음을 증명했다. 프랑스에서는 재무부 차관이 비밀계좌를 만들어 20년 동안 국세청을 속여 오다가 결국 사퇴했다. 스페인에서는 집권 여당의 옛 예산 담당자가 스위스 계좌를 통한 비자금 조달 시스템을 폭로했다가 투옥된 상태다. 이처럼 조세 도피처는 금융 위기와 예산 위기, 그리고 민주주의 위기의 중심에 자리하고 있다. 내가 제안하는 바는 균형 잡힌 계획이다. 현 상황을 그냥 받아들이는 것은 무책임한 행동이다.

조세 도피처가 발생시키는 전 지구적 비용을 수치화하고자 나는 각종 경제 자료를 철저히 조사했다. 세계 각 나라의 국제투자, 국제수지, 은행들의 대차대조표, 그 외 그들이 처한 상황들, 여러 나라의 자산과 소득, 다국적기업들의 계좌와 스위스 금융기관 기록 등 가용한 모든 정보를 동원했다. 대부분 과거에 전혀 활용된 적 없는 통계들이다. 그리고 처음으로 이 모든 정보를 하나의 목표, 즉 지하 금융의 파행을 만천하에 드러내려는 목표 아래 한데 모아 대조하고 분석하였다.

물론 이 통계에는 불완전한 요소가 많다. 그러므로 내 조사 결과가 결론이 될 수는 없다. 세계 금융 업무를 산정하는 시스템에는 여러 결함이 많다. 하지만 그렇다고 해서 이 시스템을 이용하지 못할 이유는 없다. 그 한계에도 불구하고, 이 가용 자료들은 조세 도피처의 활동을 가늠할 대체 불가능한 관점을 제공하기 때문이다. 무엇보다 조세 포탈 규모에 대한 수치화된 추산 없이는 어떠한 진보도 생각할 수 없다. 비록 다소 불완전할지라도, 이러한 추산을 토대로 할 때에만 정부와 조세 도피처 쌍방이 확산시킨 주장에서 멀찍이 떨어져서 독립적으로 제재를 가할 수 있고, 이 '재앙'에 맞서는 투쟁이 진전되는 현 실태를 추적할 수 있다.

관련된 모든 통계 수치들은 정부와 은행이 말하는 것과는 정반대로 조세 포탈이 놀라울 정도로 건재하게 횡행하고 있음을 보여 준다. 2013년 현재 전 세계 가계 금융자산의 8퍼센트가 조세 도피처에 들어가 있다. 이는 역사상 최대 수치다. 유럽연합(EU)의 경우에는 이 비율이 무려 12퍼센트에 육박한다.

이 책이 제시하는 추산에 따르면, 프랑스인이 역외에 보유한 자산은 대략 3,500억 유로_{약 460조 원}에 이른다. 그중 대부분은 스위스에 있다. 비밀계좌를 이용한 대대적인 조세 포탈이 없었다면, 오늘날 프랑스의 공공 부채가 국내총생산(GDP)의 94퍼센트에 이르지는 않았을 것이다. 고작해야 금융 위기 이전 수준인 70퍼센트 정도에 머물렀을 것이다. 따라서 과거의 포탈 행위들을 감사하여 프랑스인이 실제로 보유한 은닉 자산을 찾아 과세한다면, 공공 부채 규모를 금융 위기 이전 수준으로 되돌릴 수 있다. 물론 이것이 프랑스의 모든 문제에 종지부를 찍지는 못하겠지만, 예산 압박과 긴축이라는 프랑스 정부가 처한 재정 악순환의 흐름은 분명히 바뀔 것이다.

금융의 상징적 권력

이 책의 목표는, 확인된 사실과 행동 계획을 통해 조세 도피처들의 활동을 탈신비화하는 것이다. 대부분의 관계자들은 조세 도피처에서 이루어지는 각종 조작이 너무 복잡하기 때문에, 그 탁월한 기교 앞에서 우리 시민들은 무력할 수밖에 없다고 진단한다. 아무리 오랜 역사를 지닌 국민국가, 전문가들도 역부족이라는 것이다. 그들을 공략하기란 불가능하다! 이것이 대체적인 결론이다. 최근 여러 정부가 강화시킨 금융의 상징적 권력이 드러나는 대목이 아닐 수 없다. 각국 정부는 너무나 엉성해서 아무런 효과도 없는 계획들을 내놓고는, 이를 근거로 눈만 뜨면 새로운 '승리'를 선언하기에 바빴다. 그 결과, 자신들이 제압했다고 주장하는 조세 도피처 신화만 오히려 강화시켰다.

사실 은행 관계자 및 회계사들이 해치운 조작들(이 책에서 해체하겠지만)은 대단히 단순하다. 어떤 것은 거의 한 세기 전과 똑같은 방식으로 이루어지고 있다. 물론 개중에는 해체하기 어려운 혁신적인 조작도 있다. 어느 누구도 제대로 이해하기 어려운 조세 도피처의 여러 양상들이 잔존한다는 것은 부인할 수 없는 사실이다. 하지만 곧 이 책에서 증명해 보이겠지만, 조세 포탈에 대처하는 방법을 우리도 이미 충분히 알고 있다.

조세 도피처에 대한 신비감이 여전히 존재하는 데에는 경제학자들도 책임이 있다. 대학교수들은 매우 오랫동안 이 문제에 무관심했다.

대학교수들이 이 문제에 호기심을 느끼지 못한 것은 상대적으로 이 주제를 경시했기 때문일 가능성이 크다. 전통적으로 응용경제학이 다루는 문제는 경제학 내에서 순수 이론적 사변에 비해 상대적으로 간과되어 왔다. 하지만 10년 전쯤부터 상황이 바뀌기 시작했고, 가까운 미래에 중요한 진전이 있으리라고 충분히 기대할 만하다.

그러나 조세 도피처에 관한 이해와 관련해 가장 최근까지 일어난 모든 진전(여러 방면에서 괄목할 만한 진전)은 경제학자들이 아니라 상당수의 비정부 민간단체들과 선구적인 언론인, 정치학자와 법학자, 사회학자들 덕분이다.

내가 이 책에서 채택한 접근법은 과거의 접근법과는 다르다. 나의 접근법은 이제까지의 접근법을 보충하려는 것이지, 그것들을 퇴색시키려는 의도는 전혀 없다. 내 방식의 특이점은 우선적으로 통계에 의존한다는 점이다. 개별적인 사례들은 내 관심 밖이다. 개별 사례들은 의식화나 스캔들에는 반드시 필요할지 몰라도, 행동을 이끌어 가는 데에는 거의 도움이 되지 않는다. 이 책에서는 통계 수치에 존재하지 않는 것이면 소수의 지배자도, 아프리카의 독재자도, 부패한 은행가도, 도시의 금융정책 입안자도 만나게 되지 않을 것이다. 나는 다만 자료들에 얽힌 역사적 맥락과 해당 자료의 특수성 및 한계들을 충분히 고려하면서 그 자료와 거기에 함축된 바들을 분석하는 데 집중할 것이다.[2]

---

2 이 데이터들은 인터넷 사이트 www.gabriel-zucman.eu/richesse-cachee에 최초로 한데 모아 놓았다. 이 책에서 설명된 결과들은 이 사이트가 상세하게 다루고 있는 추산에 의거한다. 수치, 표, 도표 등 모든 것은 그 소수점까지 투명하게 검증하고 재현할 수 있다. 이 작업은 4년에 걸친 엄격한 연구의 결실이다. 하지만 분명히 확정적인 것은 아니다(Gabriel Zucman, "Trois essais sur la répartition mondiale des fortunes", thèse de doctorat, Ecole d'économie de Paris, EHESS, 2013). 이 연구 절차의 향상을 위한 의견, 비판, 제안은 언제나 환영이다.

CHAPTER 1

역외 금융의 시대

조세 도피처들이 하는 일은 무엇일까? 모호한 주문呪文, 그러므로 그들에게 전혀 타격을 입히지 못하는 주문 같은 걸 웅얼거리지 않으려면, 지나치게 빈번히 그들의 활동을 뒤덮고 있는 연막부터 걷어 내야 한다. 그러려면 세계 최초의 조세 도피처인 스위스의 역사를 들여다보는 것보다 좋은 방법은 없을 것이다. 스위스를 고찰하는 것은 세 가지 교훈을 준다.

스위스는 가장 오래된 세계 자산 관리 시장이고, 오늘날에도 여전히 가장 중요한 시장이다. 바로 이 사실이 우리로 하여금 제네바에서 시작해 전 세계로 퍼져 나간 자산 은닉 메커니즘을 이해하게 해 준다. 스위스의 역사는 비밀계좌를 파헤치려는 공략을 무력화시키기 위해 이 나라 은행가들이 발휘한 탁월한 재간과 관련된 교훈들로 넘쳐난다. 마지막으로 스위스는 특히 우리가 가장 많은 데이터를 축적한 조세 도피처이다. 이 장에서는 이 중요한 정보들에 기초하여 20세기 초부터 현재에 이르기까지 스위스 은행에 은닉된 자산 총액의 전체적인 변화 추이를 기술해 보고자 한다.

조세 도피처의 탄생

스위스 금융시장의 전설적인 운명은, 제1차 세계대전 후 주요 국가들이 거대 자산에 강력한 과세를 시행했던 1920년대에 시작되었다. 19세기 내내 유럽 최고의 가문들은 세금을 전혀 혹은 거의 납부하지 않음으로써 부를 축적했다. 제1차 세계대전 직전까지만 해도 프랑스에서 100프랑의 배당 주식은 세금 공제 후 96프랑의 가치를 유지했다. 그러나 1920년부터 세계는 변화했다. 공공 부채가 폭발적으로 증가한 것이다. 국가는 전쟁 피해자들에게 후한 보상을 약속했고, 퇴역 군인들에게 연금을 지급해야 했다. 소득세에 대한 최고 한계 과세율이 1920년 50퍼센트에 달했고, 1924년에는 72퍼센트까지 치솟았다. 조세 포탈 산업이 탄생할 조건이 갖춰진 것이다. 조세 포탈 산업은 공공 부채 증가와 부채를 줄이기 위한 과세율의 상승이라는, 이 산업에 핵심적인 두 경향을 이용해 스위스의 제네바·취리히·바젤에서 탄생한다.

스위스가 무無에서 시작한 것은 아니다. 제1차 세계대전 직전, 스위스는 이미 잘 발달된 신용기관 네트워크를 갖춘 금융 산업을 보유하고 있었다. 20세기 초부터 스위스 은행들은 카르텔을 형성하고 있었다. 이를테면 1912년에는 스위스은행가협회가 탄생했다. 그래서 상대적으로 높은 이자율을 스위스 정부가 허용하게 만드는 데 성공했고, 이는 그들에게 매우 유익한 결과를 가져다주었다.[3] 1907년 스위스 중앙은행인 스위스국립은행Banque Nationale Suisse(BNS)이 설립되어 최종 대출자가 되면서 스위스 은행들은 그 혜택을 받게 된다. 최종 대출자로서 스위스국립은행은 위기 상황에 개입하고, 총체적인 금융 시스템의 안정성을 보증하는 역할을 맡게 되었다. 이 모든 것은 1815년 빈회의를 통해 스위스가 열강들로부터 영세중립국永世中立國 지위를 보장받은 덕분이었다. 중립국이었기에 스위스는 제1차 세계대전과 그에 따른 사회적 혼란을 피해 갈 수 있었다.

조세 포탈 산업의 급성장에는 자산 형태의 변화도 한몫했다. 19세기 중반부터 산업화된 국가들에서 동산動産이 토지보다 우위를 점하면서, 1920년이 되자 가장 부유한 이들의 자산은 대부분 유가증권으로 구성되었다. 부자들의 재산은 국가나 거대 사기업이 발행하는 주식과 채권 형태로 존재했다. 유가증권은 고액지폐와 유사한 종잇조각

---

3 Malik Mazbouri, L'Emergence de la place finacière suisse(1890-1913), Lausanne, Antipodes, 2005 참조.

형태로 되어 있으며, 그 대부분이 지폐처럼 무기명증권이다. 유가증권을 소유한 사람이면 누구나 그것의 법적 소유자인 것이다. 그러므로 등기부에 등재될 필요가 전혀 없다. 지폐와 다른 점이라면, 오늘날에는 주식이나 채권의 가치가 수백만 유로에 달할 정도로 어마어마하게 높아졌다는 것이다. 한 마디로, 이제 부자들은 완전히 익명으로 엄청난 자산을 보유할 수 있게 되었다.

부자들은 자기 집의 은밀한 장소에 이 유가증권을 보관하려고 했다. 그러나 도난당할 위험이 컸고, 그래서 이를 맡겨 안전하게 보관할 장소를 물색하기 시작했다. 이 같은 고객들의 요구에 부응하여 19세기 중반부터 유럽 은행들은 새로운 업무를 발전시키기 시작한다. 바로 자산 관리 업무이다. 예금주들이 주식과 채권을 보관할 수 있도록 매우 안전한 금고를 제공하는 것이 이 업무의 기본이었다.

다음으로 은행은 배당금과 이자를 늘려 주는 일을 담당한다. 일찍이 이 업무는 가장 부유한 이들만을 위한 것이었는데, 양차 대전 사이에 모든 '소자본가'들도 여기에 접근할 수 있게 되었다. 스위스 은행들 역시 이 시장에 출현한다. 여기서 중요한 점은, 이 과정에서 스위스 은행들은 부가 업무, 즉 조세를 포탈할 여지를 제공했다는 사실이다. 스위스 은행에 자산을 위탁하는 예금주들은 이 자산으로 벌어들인 이자와 배당금을 적발될 위험 없이 세무 당국에 신고하지 않을 수 있었다. 왜냐하면 스위스 은행들과 외국 은행들 간에는 소통이 전혀 이루어지지 않았기 때문이다.

탈세하지 않는 사람들에게 들려주는 조세 포탈 이야기

거의 20세기 내내 사람들은 '무기명' 유가증권을 들고 해외여행을 다녔다. 이 말은 곧, 막대한 자산을 해외로 손쉽게 이전할 수 있었다는 뜻이다. 그러나 오늘날에는 상황이 완전히 바뀌었다. 왜냐하면 유가증권이 무형화되었기 때문이다. 오늘날 유가증권은 전자 형태로만 존재한다. 따라서 이제 자산을 안전한 곳에 보관하는 방법은 두 가지로 요약된다. 첫 번째 방법은 현금이 든 가방을 옮기는 것인데, 이것은 매우 위험하다. 두 번째 방법은 전자이체로, 훨씬 더 빈번하게 사용된다.

모리스 씨라는 가상의 인물을 예로 들어 보자. 그는 파리의 모리스앤씨Maurice & Cie라는 회사의 사장으로, 800명의 직원을 거느린 기업의 단독 주주이다. 모리스 씨가 스위스에 1천만 유로를 송금한다고 할 때, 그는 다음의 세 단계를 거친다.

일단은 페이퍼 컴퍼니(유령 회사)를 설립한다. 이 페이퍼 컴퍼니는 미국의 델라웨어 주처럼 관리·감독이 거의 이루어지지 않는 장소에 소재해야 한다. 다음으로는 제네바에 이 페이퍼 컴퍼니 명의의 계좌를 개설하는데, 이 과정은 단 몇 시간밖에 걸리지 않는다. 마지막으로 모리스앤씨 사는 델라웨어의 페이퍼 컴퍼니로부터 자문과 같은 허위 서비스를 구입하고, 자문료라는 허위 명목으로 스위스 계좌에 돈을 송금한다. 이 자금 이체는 외관상 적법해 보인다. 은행들 내부에 존재하는 돈세탁 방지 관리·감독 장치가 이 사실을 간파할 가능성은 거의 없다. 왜냐하면 기업들은 하루에도 수백만 건씩 스위스와 여타 주요 역외 금융시장으로 자금을 이체하며, 적법한 이체(진짜 수출업자들에게 가는 지불액)와 적법하지 않은 이체(조세를 회피하는 자금)를 실시간으로 구별하기란 불가능하기 때문이다.

이로써 모리스 씨는 이중의 이득을 얻는다. 우선, 위장 자문료를 지불함으로써 모리스앤씨 사의 과세 가능한 수익을 축소하여 프랑스에서 그가 내야 하는 법인세를 줄일 수 있다. 그 다음으로, 스위스에 도달한 자금은 국제시장에 투자되어 소득을 발생시킨다. 비밀계좌 덕에 프랑스 세무 당국은 이 소득의 존재를 인지조차 할 수 없다. 덕분에 모리스 씨는 그가 벌어들인 소득과 배당금을 납세 신고서에서 누락시켜 소득에 대한 과세를 피할 수 있다.

만약 모리스 씨가 비밀계좌에 있는 자금을 사용하려 한다면 (처음에는 1천만 유로였던 것이 이제는 1,500만 유로로 불어났다), 그에게는 두 가지 선택이 가능하다. 신용카드를 이용하여 소액을 인출하는 것이 첫 번째 선택이다. 그러나 액수가 크다면 다른 방법을 찾아야 한다. 거액을 인출하려면 더 기발한 재간이 필요하다. 가장 인기 있는 기술은 '롬바르드Lombard 대출' 기술이다. 모리스 씨는 제네바에 있는 비밀계좌의 자산을 담보로, 스위스 은행의 프랑스 자회사와 융자 계약을 체결한다. 이렇게 하면 주식과 채권에 투자된 상태 그대로 자금을 스위스에 남겨 두면서도 프랑스에서 그 돈을 쓸 수 있다. 이를테면 코트다쥐르의 빌라나 거장의 그림을 매입하는 데 말이다.

결산해 보면, 프랑스 세무 당국은 세금으로 확보해야 할 700만 유로 이상을 잃고, 1,500만 유로는 프랑스의 모리스 씨 수중으로 고스란히 돌아온다.

실종된 유가증권을 찾아서

1990년대 말까지만 하더라도 스위스 은행들이 유치한 자산 총액은 세계에서 가장 잘 지켜지는 비밀 중 하나였다. 기록 문서들은 차단되었고, 은행들에게는 그들이 관리하는 자산 총액을 공개해야 할 의무가 없었다. 여기서 예금주들이 맡긴 유가증권은 은행의 대차대조표에 기재되지 않는다는 사실을 잘 이해할 필요가 있다(과거만큼은 아니지만 오늘날에도 그렇다). 해당 유가증권은 은행의 소유가 아니라는 매우 단순한 이유로 말이다.

2008~2009년 금융 위기 이후, 특히 주택담보대출을 은행들의 대차대조표에서 제외시킬 목적으로 복잡하게 이루어진 조작을 가리키는 '오프 밸런스 거래' 밸런스 시트(대차대조표)에서 누락되는 장부 외 거래 라는 용어가 악마적인 뜻을 내포하게 되었다. 이는 오프 밸런스 거래의 대표적

인 역할 중 하나가 실은 굉장히 단순하다는 사실을 망각하는 처사이다. 그 역할이란, 가장 오래되고 오늘날까지도 여전히 가장 중요한 임무, 즉 타인을 대신해 증권을 보관하는 것이다.

오늘날 우리가 20세기 스위스에 유치된 자산 총액을 알 수 있게 된다면, 이는 1990년대 후반에 활약한 두 개의 국제 위원회 덕분이다. 이로써 사상 처음으로 스위스 은행을 뒤덮고 있던 베일이 벗겨졌다.

첫 번째 위원회는 전前 미국연방준비제도(Fed) 의장 폴 볼커Paul Volcker 가 주재했다. 1996년 5월 세계유대재산반환기구·세계유대인회의·스위스은행가연합 간의 양해각서에 근거해 설립된 볼커 위원회(Independent Committee of Eminent Persons, ICEP) 나치 피해자들과 그 상속자들 소유의 방치된 계좌들을 확인하는 것이 그의 임무였다. 국제적인 거대 감사 기업에 소속된 전문가들이 3년 동안 254개의 스위스 은행 기록들을 조사했다. 제2차 세계대전 동안 자산 관리 업무를 했던 이 은행들은, 특히 1945년 당시 각 기관에서 관리되던 자산 총액 등 이제껏 발표된 적 없는 다량의 정보들을 제출했다.

두 번째 위원회의 목표는 전쟁 중에 스위스가 어떤 역할을 했는지를 제대로 파악하는 것이었다. 역사학자 장 프랑수아 베르지에Jean-François Bergier가 주재한 이 위원회 역시 방대한 자료에 접근했다. 1996년 12월부터 2001년까지 활동 그 결과, 20세기에 가장 규모가 컸던 일곱 개 금융기관(이들이 합병하여 UBS 스위스연방은행이 아닌 스위스 UBS 은행 와 크레딧스위스(CS)가 되었다)에 기탁된 유가증권 총액을 밝혀낼 수 있었다.

물론 이 두 위원회가 제출한 통계에는 한계가 있다. 일부 자료들은 파기되었고, 위원회가 접근하지 못한 자료들도 있었다. 하지만 볼커와 베르지에, 그리고 두 위원회 위원들이 규합한 정보는 역외 금융의 역사를 연구하는 데 동원할 수 있는 최고의 정보이다. 특히 '관리되고 있는' 자산들에 관한 정보는 그 가치가 매우 높다. 그 이유는 해당 은행들이 이를 공개하지 않고, 자산 관리 업무와 관련한 상세한 회계 자료를 내부에만 보관하고 있었기 때문이다. 자신들이 기탁 받은 유가증권, 즉 주식의 시장가치와 채권의 액면가 총액을 명확히 기입하면서 말이다.

그런데 왜 지금까지 이 귀한 정보들이 양차 대전 사이 유럽의 소득 및 전반적인 자본 수준과 연관되어 고려되지 않았던 것일까. 무엇보다 각 국가 자산에 대한 통계가 없었기 때문이다. 따라서 양자를 연관시키는 것이 이 책의 첫 번째 공헌이 될 것이다. 그 결과는 살펴볼 가치가 있다. 그것은 스위스가 조세 도피처로서 탄생하는 과정을 둘러싼 신화에 제대로 이의를 제기하기 때문이다.

스위스의 빅뱅

첫 번째 교훈은 다음과 같다.

제1차 세계대전이 끝나면서부터 스위스 금융시장은 급격히 비상했다. 1920년부터 1938년 사이에 스위스 은행들이 관리하는 역외 자산, 즉 외국인 소유 자산은 말 그대로 10배 넘게 증가하여 오늘날의 화폐 가치로 치면 (인플레이션 효과 교정 후) 대략 100억 스위스프랑에서 제2차 세계대전 직전 1,250억 스위스프랑에 이르렀다.

이러한 스위스의 역동성은 특히 유럽 자산의 침체와 극명한 대조를 이룬다. 일련의 경제적이고 사회적이며 정치적인 현상 때문에 유럽 강대국들의 민간 자산은 1920년과 1938년에 거의 비슷했다[4]. 결과적으로 유럽 대륙의 가계들이 스위스에 은닉한 금융자산의 총액은 제1차 세계대전 전까지만 해도 거의 무시해도 좋을 수준인 전체 금융자산의 약 0.5퍼센트였지만, 이것이 불과 18년 사이에 거의 2.5퍼센트에 달하게 된다.

그럼 누가 이 자산을 소유했던 것일까? 제2차 세계대전이 끝날 무렵부터 취리히의 은행가들이 간직해 온 뿌리 깊은 전설에 따르면, 스위스 금융시장의 비상은 전체주의 체제를 회피하려는 예금자들 덕분이라고 한다. 이 주장을 옹호하는 이들은 1935년 시행된 비밀계좌에 관한 법이 '인본주의적' 목적, 즉 나치의 약탈을 피하려는 유대인들을 보호할 목적으로 제정되었다고 주장한다. 그리하여 1996년《이코노미스트The Economist》지는 다음과 같이 쓰는 것을 주저하지 않았다.

---

4 Thomas Piketty et Gabriel Zucman, "Capital is Back: Wealth-Income Ratios in Rich Countries, 1700-2010", document de travail, Ecole d'économie de Paris(PSE), 2013.

"수많은 스위스인들이 그들의 비밀계좌를 자랑스럽게 여긴다. 왜냐하면 거기에는 찬양받을 만한 기원이 있기 때문이다(비밀계좌 관련 법은 1930년대에 채택되어 박해받는 유대인들의 예금을 지키는 데 도움을 주었다)."[5]

당연히 이 신화는 수많은 역사 연구를 통해 맹렬히 비판받게 된다.[6] 볼커 위원회는 1933년부터 1945년 사이에 220만 개 이상의 외국인 계좌가 스위스 은행에 개설된 것을 확인하였다. 이 중 대략 3만 개(1.5퍼센트)의 계좌는 여러 정황상 홀로코스트로 희생된 유대인들과 연관이 있을 것으로 추정된다. 그러나 베르지에 팀이 작성한 보고서는 스위스 은행들의 빅뱅이 일어난 시기가 1930년대가 아니라 1920년대임을 보여 준다.

1920년에서 1929년 사이 스위스 은행의 관리 하에 있던 전체 자산의 실제 성장률은 연평균 14퍼센트에 달했다. 이는 기껏해야 1퍼센트에 불과했던 1930~1939년의 성장률과 큰 차이가 있다. 가장 급격한 성장률을 보인 두 시기는 1921~1922년과 1925~1927년, 바로 프랑스에서 거대 자산에 대한 과세가 강화되기 시작한 직후이다. 즉, 비밀계좌 관련 법률이 이 최초의 대대적인 자산 유출을 따라간 것이지 그 반대가 아니라는 뜻이다.

---

5 *The Economist*, 17 février 1996, "Keeping mum", p. 90.

6 Sébastien Guex, "The Origin of the Swiss Banking Secrecy Law and its Repercussions for Swiss Federal Policy", *Business History Review*, 74 (02), 2000.

그러나 아무리 현실이 은행가들이 퍼뜨리는 선전 내용과 정반대여도 신화는 죽지 않고 살아남았다. 그저 변형되었을 뿐이다. 지금도 스위스 은행가들은 되풀이하여 주장한다. 대부분의 고객들은 세무적으로 비난받을 여지가 없고, 다만 자국의 불안정이나 압제를 피해 스위스로 자산을 신탁하러 올 뿐이라고 말이다. 하지만 앞으로 보게 되겠지만, 스위스 은행들이 관리하는 자산의 약 60퍼센트가 오늘날 유럽연합 거주민의 것이다. 그러므로 유럽연합 전체를 독재로 간주하지 않는다면 은행가들의 이런 주장은 앞선 주장과 마찬가지로 기만적이다.

양차 대전 사이에 스위스 은행의 주요 고객은 프랑스인이었다. 당시 자산 관리 분야에서 가장 앞서갔던 크레딧스위스가 관리하던 국가별 외국 자산 비율을 보면, 프랑스 자산이 43퍼센트로 스페인·이탈리아(각 8퍼센트)와 독일(4퍼센트)을 여유 있게 앞지르고 맨 앞에 위치한다.[7] 물론 이런 자료에 등장하는 지리학적 분포를 완전히 신뢰할 수는 없다. 예금자들이 항상 자신의 실제 주소를 알려 주는 것은 아니기 때문이다(예를 들어, 외국인이 스위스 호텔 주소를 건네면 그 자산은 외국인 소유가 아니라 스위스 거주자 소유로 기입된다). 하지만 베르지에 위원회의 범주에서 수집된 모든 데이터는 프랑스 자본이 스위스 시장을 선호한다는

---

7 Marc Perrenoud, Rodrigo Lopez *et al.*, "La place financière et les banques suisses à l'époque du national-socialisme. Les relations des grandes banques avec l'Allemagne (1931-1946)", publication de la CIE, vol. 13, Paris, Chronos / Payot, 2002, p. 98.

사실을 확증하게 한다. 제2차 세계대전 직전에 프랑스인 금융자산의 5퍼센트가 스위스에 예치되었는데, 이것만도 이미 엄청난 액수이다.

은닉된 자산은 어떤 형태였을까? 은닉 자산은 대체로 외국의 유가증권, 요컨대 독일 제조업 주식이나 미국 철도회사 주식, 프랑스나 영국의 국채 등으로 이루어졌다. 여기서 스위스의 유가증권은 지극히 부차적인 위치를 차지했는데, 그 이유는 두 가지다. 스위스 국내 자본시장이 스위스로 도피해 온 엄청난 예금 총액을 단독으로 흡수하기에는 너무나 협소했고, 외국 유가증권의 수익률이 훨씬 더 매력적이었기 때문이다. 북아메리카 주식의 수익률은 대략 5퍼센트인 반면에, 스위스 유가증권의 수익률은 3퍼센트였다. 이 같은 유가증권에 현금 잔고(은행의 대차대조표에 나타나는 전통적인 예금)와 약간의 금이 추가되었다. 하지만 외국 주식과 채권이 훨씬 더 우세했다.

스위스에 계좌가 있는 외국인은 예나 지금이나 대체로 스위스에 투자하지 않는다는 점을 이해하는 것이 중요하다. 바로 이 점이 빈번하게 발생하는 오해의 원인이 되기 때문이다. 그들은 스위스 계좌를 이용해 미국, 독일, 프랑스 등과 같은 다른 곳에 투자한다. 스위스 은행들은 단지 중개 역할만을 담당할 뿐이다. 그렇기 때문에 아첨꾼들이 부단히 주장하듯, 스위스 금융시장의 성공이 스위스프랑의 힘과 낮은 수준의 인플레이션 혹은 스위스의 정치적 안정 때문이라고 생각하는 것은 얼토당토않다.

예금자들은 취리히나 베른의 계좌를 경유해 파리나 로마에서 하는 것과 똑같은 투자를 한다. 요컨대 액면가가 리라나 달러, 파운드로 표시된 유가증권을 매입하는 것이다. 이 유가증권들의 가치는 통화 평가절하, 발행 기업의 결손·파산, 전쟁에 따라 요동친다. 유가증권이 스위스나 다른 곳에 보관되어 있다는 사실이 사업에 가져오는 다른 변화는 없다. 개인이 유가증권을 스위스 은행에 맡겨 얻게 되는 유일한 이익은 언제나 조세 포탈뿐이다. 프랑스에 거주하는 납세자는 그의 유가증권이 어디에 기탁되어 있든 상관없이 그의 소득과 자산에 대한 세금을 프랑스 당국에 납부해야 한다. 하지만 스위스 은행들은 어느 누구에게도(스위스 행정 당국뿐 아니라 외국에도) 정보를 주지 않기 때문에, 스위스 은행에 자산을 맡긴 납세자는 납세 신고서에 아무것도 기재하지 않고 탈세를 할 수 있다.

스위스 정부에 대한 최초의 위협

제2차 세계대전이 끝나면서 스위스의 자산 관리업은 위기를 맞게 된다. 우선 고객 부족 사태가 발생한다. 금융시장의 파괴와 붕괴, 전쟁 직후의 인플레이션, 국유화는 엄청나게 방대했던 유럽의 자산 자체를 감소시켰다. 유럽의 민간 자산은 사상 최저 수준으로 떨어졌다. 오늘날 유럽 전체의 민간 자산은 독일과 프랑스의 연간 국민소득의 5배 규모인데, 당시에는 가까스로 1배를 넘기는 정도였다. 중립국이었던 스위스는 피해를 입지 않았지만 여타 세계는 황폐해졌고, 1945년부터 1950년 사이에 은닉 자산액 자체가 감소하였다. 이는 1914년 이래 발생한 적이 없는 일이었다.

엎친 데 덮친 격으로, 스위스는 처음으로 비밀계좌 폐쇄를 요구하는 국제 동맹의 위협에 직면하게 된다. 전쟁이 종결된 1945년 봄, 제2차 세계대전 동안 추축국들과 긴밀한 관계를 맺었던 스위스는 전승국들의 눈치를 보지 않을 수 없었다. 미국과 영국의 지지를 받던 프랑스의 샤를 드골 대통령은 스위스의 화해 노력에 한 가지 조건을 부과한다. 즉, 프랑스가 신고되지 않은 자국 자산의 소유자를 확인하는 일에 스위스 정부가 협조해야 한다는 것이었다.

강한 압박을 받은 스위스 은행들은 그들이 관리하던 프랑스인 자산의 대부분, 당시의 증언에 따르면 전체 액수의 3분의 1을 미국의 유가증권으로 구성했다. 그 결과 해당 유가증권 소유자들이, 고객 입장에서 은행과 더 신속하고 편리하게 거래할 수 있는 미국 영토 내에 있는 것처럼 보일 정도가 되었다.

그런데 미국은 이미 1941년 6월에 스위스가 추축국의 자산을 숨기려 한다고 의심하여 이 자산을 동결해 버렸다. 미국 정부는 이 동결을 푸는 데 두 가지 증명서를 요구했다. 자산의 실소유주를 명시하는 스위스의 증명서와, 해당 자산이 신고된 자산임을 적시한 프랑스 세무 당국의 증명서였다. 미국 의회로서는 스위스에 은닉된 프랑스 자산을 내버려 둔 채 마셜플랜을 통해 수십억 달러를 프랑스에 보낸다는 것은 결코 생각할 수 없는 일이었다!

스위스 민간은행의 역사는 여기서 중단될 뻔했다. 객관적으로 스위스 은행들이 처한 상황은 재앙에 가까웠다. 미국 정부는 자산 동결과 함께 엄청난 압력 수단을 활용했다. 그런데 스위스 은행가들은 스위스 정부와 공모하여 영리하게 이 난관에서 벗어난다. 대체 어떻게 벗어난 것일까? 바로 방대한 위조 작업 덕분이다. 이 위조 작업에 대해서는 역사가 야닉 마리나 쇼펠뷔엘Janick Marina Shaufelbuehl이 연구한 바 있다.[8] 스위스 은행가들은 미국 유가증권에 투자된 프랑스인들의 자산을 스위스인이나 파나마(이곳에서는 이미 '정식으로' 페이퍼 컴퍼니를 만들기가 몹시 쉬웠다) 회사의 소유인 것처럼 공증해 준다. 그리고 일부 특별한 예외를 제외하고, 미국 정부는 위조 증명서에 속아 넘어가 동결되었던 프랑스인의 자산을 풀어 준다. 스위스 은행들은 이 아주 오래된 사기 수법을 2005년에 다시 사용한다. 바로 새로운 유럽연합의 과세를 회피하려는 고객들을 위해서 말이다. 이 점은 3장에서 살펴볼 것이다.

다시 한 번 분명히 짚고 넘어가야 한다. 비밀계좌에 관한 법을 정당화하고자 날조한 온갖 신화에서부터 조세 포탈자를 보호하려고 벌인 대규모 사기 행각에 이르기까지, 많은 스위스 은행들의 행적은 그들의

---

[8] Janick Marina Schaufelbuehl, *La France et la Suisse ou la force du petit*, Paris, Presses de Sciences Po, 2009. 위조 증명서와 관련해서는 특히 274~290쪽을 참조할 것.

부정직함을 증명한다. 그러므로 최근 단계적으로 진행되고 있는 조세 포탈 대처 계획들이 그러하듯, 조세 포탈 문제를 은행들의 선의에 기대어 풀려고 해서는 절대 안 된다. 예를 들어 보자. 2013년 발효된 스위스 은행들과 영국 간의 이른바 '루빅Rubik' 협약에 따르면, 스위스 은행들은 어떤 회피 수단도 없이 스위스 은행 내 영국인들의 계좌에서 세금을 공제하고 영국 국고로 보내겠다고 약속했다.

하지만 역사는 바뀌지 않는다. 이런 종류의 협약은 실패할 수밖에 없다. 스위스 은행들은 자기네 은행에는 영국 고객이 없거나 거의 없다고 주장할 것이고, 그래서 세금도 거의 공제하지 않을 것이기 때문이다. 그러니 선의나 자진 신고 같은 것은 잊고, 압박과 객관적 검증 절차에 따라 이 논리와 단절해야만 한다.

스위스 금융시장의 황금시대

앞서 살펴본 대로 1940년대 후반, 스위스 금융시장은 비밀계좌를 분쇄하려는 최초의 국제 동맹을 좌절시킴으로써 그들의 유연한 저력을 입증했다. 이후 자산 관리 시장은 급속히 회복되어 1950년대부터 1970년대까지 30여 년간 황금기를 누린다. 1960년대 말까지 스위스 은행들의 자산 증가율은 1920년대의 증가율에 필적할 정도이다. 나의 추산에 따르면, 1970년대 중반 유럽인 소유 금융자산의 약 5퍼센트가 스위스 은행 금고에 은닉되어 있었다.

1990년대 후반 베르지에 위원회가 벌인 일련의 조사 활동은 1970년대 자료부터 중단되었다. 하지만 그때부터 역외 금융 발전을 추적할 새로운 감시 기구가 가동되기 시작했다. 미국 국세청(IRS)이 실시한 '미국 유가증권의 외국인 보유 실태' 조사가 그 예이다. 이때 나온 통계는 지금까지도 전체 세계경제에서 조세 도피처들이 차지하는 비중을 측정하는 핵심 도구 중 하나이고, 내가 이 책에서 원용하는 데이터의 두 번째 출처이다.

미 국세청이 실시한 최초의 현대적인 조사는 1974년에 이루어졌고, 그 결과는 대단히 유익했다. 요컨대 세계 인구의 0.1퍼센트 정도를 차지하는 스위스가 전 세계 외국인 소유 미국 유가증권의 3분의 1을 '보유'하고 있다. 이는 영국(15퍼센트), 캐나다(15퍼센트), 프랑스(7퍼센트), 독일(3퍼센트)을 훨씬 앞지르는 비율이다. 이 조사 결과를 제대로 이해하려면, 미국 국세청 통계자들로서는 누가 미국의 주식이나 채권을 스위스 은행에 신탁했는지를 알 길이 전혀 없었다는 사실에 주목해야 한다. 결국 미 국세청은 제네바와 취리히에 자산 관리를 위탁한 프랑스나 독일의 예금자들이 문제라고 생각하고도, 이 결과를 수량화할 방법이 없어 모든 자산을 스위스 자산으로 기입한다. 이러한 미 국세청의 조사는 누가 세계 자산을 소유하고 있는지가 아니라, 어디에서 이 자산을 관리하고 있는지를 폭로한다. 실實자산의 지리학이 아니라 조세 도피처의 지리학인 것이다.

당시 국제 자산 관리 시장에서 스위스가 쥐고 있던 헤게모니는 쉽게 설명할 수 있다. 스위스에 필적할 만한 다른 조세 도피처는 아직 눈에 띄지 않고, 런던은 전쟁 후유증에서 회복되지 않았다. 세금을 빼돌리려는 유럽 부자들에게는 1920년대와 다를 바 없는 상황이었다. 당시 합법적으로 비밀계좌 보호를 제공하는 금융시장은 스위스뿐이었다. 스위스 은행가들은 이를 이용해 고객들에게 청구하는 보관료를 인상했다. 보관료 인상은 카르텔 협약, 즉 스위스 은행가들이 4차에 걸쳐 합의한 협약에서 결정되었다.

외국 유가증권 보관료(신탁된 유가증권 가치를 백분율로 계산)는 1940년부터 1983년 사이에 두 배 이상 인상되었다. 즉, 조세 포탈자와 스위스 은행이 포탈한 세금을 나눠 갖는 구조이다. 독과점적인 스위스 금융시장에서 스위스 은행들은 손쉽게 케이크의 가장 맛있는 부분을 차지하였다.

스위스는 중동의 군주들을 부자로 만들어 준 1973년 제1차 석유파동의 수혜도 입었다. 이 신흥 투자자들에게 역외 계좌가 조세상의 이득을 가져다주지는 않았다. 어차피 이 새로운 자산은 과세가 불가능했다. 대부분의 중동 산유국에서는 자본 수익에 세금을 부과하지 않을뿐더러, 이 자산의 소유자들은 대개 마음대로 세금을 올리고 내리는 절대 권력자 가문이었다. 그 결과, 새로운 자산은 국가의 것이기도 하고 동시에 개인의 것이기도 한 뭉뚱그려진 형태를 취했다. 이 자산은 중앙은행이 관리하는 적립금, 군주의 개인 자금, 심지어 가문 자금

등의 형태들 사이에서 분명한 경계 없이 형성되었다.

오일달러가 미국이 아닌 스위스로 향한 이유는 간단하다. 취리히에서는 뉴욕에서 불가능한 익명성이 보장되었던 것이다. 이는 매우 중요하다. 왜냐하면 중동의 지배적 가문들은 자신들의 투자에 대한 세밀한 조사를 몹시 두려워하기 때문이다. 갑작스러운 부의 축적과 기업까지 사고팔 수 있는 금권金權, 세계 도처에 널려 있는 토지와 부동산보다 더 불법적인 것이 있을까? 스위스 은행들은 이 환상적인 권력이 세간의 주목을 끌지 않으면서 행사되도록 도왔다.

1970년대에는 스위스로 쏟아져 들어오는 자금이 너무 많아서 스위스 경제마저 위태로울 지경이었다. 주로 외국 유가증권이나 달러를 소유하고 있던 스위스 비거주인들이 스위스 경제에까지 눈을 돌렸기 때문이다. 여기까지가 (세계시장이 문을 닫은) 제2차 세계대전 이후의 상황이다. 그리고 이 시나리오는 70년대 초 브레튼우즈 체제 미국 달러에 대한 금환본위제 가 붕괴되었을 때, 즉 고정환율 통화제도가 종말을 고했을 때 다시 반복된다. 여기서 문제는 다음과 같았다.

스위스에 은닉된 자산의 규모가 너무 엄청나서, 이 외화 자산을 스위스프랑으로 매입해야 하는 상황이 전개되자 시중에 공급되는 스위스프랑이 감소해 위험할 정도로 화폐가치가 절상되어 스위스 국내 경제가 흔들릴 수 있었다. 이러한 시나리오를 피하려고 스위스국립은행은 1970년대에 스위스 비거주민들이 스위스프랑으로 보유한 예금의 명목이자율을 여러 차례에 걸쳐 인하했다. 이 같은 조치가 전하는 메시지는 명확하다. 외국인들이 제네바에 오는 것은 환영이지만, 미국이나 독일의 주식을 매입하는 경우에 한해서라는 것이다.

새로운 조세 도피처들의 위장 경쟁

1980년대로 접어들자, 세계 금융시장에서 스위스가 누리던 독보적인 지위는 사라졌다. 1986년 영국의 금융시장 자유화로 런던이 부활하고, 홍콩·싱가포르·저지 섬·룩셈부르크·바하마 제도 등 신흥 자산 관리 중심지들이 출현한다. 이 모든 조세 도피처의 민간은행들은 제네바 은행들이 하는 것과 똑같은 업무를 수행했다. 즉, 외국 고객들의 주식과 채권을 예금 형태로 보관하며 배당금과 이자를 거두어들이는 한편, 그들에게 투자 상담과 함께 거의 혹은 전혀 수익이 없는 일반 계좌를 제공하는 부가 서비스를 제공한 것이다. 외국 세무 당국과의 정보 교환 부재로 성립된 비밀계좌 덕에, 모든 조세 도피처들은 골치 아픈 소득세와 재산세·양도세 등을 내지 않을 수 있는 가능성을 제공할 수 있었다.

그 결과, 1920~1970년대만 해도 조세 포탈을 원하는 유럽의 모든 자산이 스위스로 향했으나(모나코 같은 조세 도피처들의 영향력은 미미했다), 1980년대부터는 유럽의 신흥 역외 금융 중심지들과 아시아, 카리브 제도를 이용한 조세 포탈이 일반화되었다.(도표 1 참조)

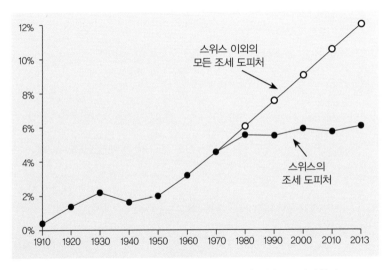

도표 1 조세 도피처에 있는 유럽인들의 자산(유럽 가계 금융자산에서 차지하는 비율)

출처 : 베르지에, 볼커 위원회, 스위스국립은행(BNS)과 저자의 계산(온라인 부록 제1장 참조).

그러나 신흥 조세 도피처들의 부상으로 스위스가 치명타를 입었다고 말하기는 어렵다. 시장점유율의 하락에도 불구하고, 스위스의 자산 관리업은 계속해서 번성하고 있다. 물론 수십 년간 이어진 황금기의 성장률은 확실히 사라졌다. 하지만 스위스 내에서 관리되는 자산 규모는 줄어들었어도, 1980년대 이후 오늘날까지 다른 유럽 지역에서 관리하는 민간 금융자산보다는 훨씬 빠른 속도로 증가하고 있다. 최근의 공식 통계에 따르면, 2013년 가을 현재 스위스에 있는 외국 자산은 1조 8천억 유로 약 2,370조 원 에 달한다. 이는 유럽연합 가계 금융자산의 6퍼센트에 상당하는 액수이다. 나의 추산에 따르면, 사상 최고 수준이다. 그러므로 스위스 금융시장에 사 망 선고를 내리는 것은 시기상조이다. 오히려 스위스 금융시장이 오늘날처럼 건재했던 적이 없다.

사실 신흥 조세 도피처들의 도전은 외양에 불과하다. 스위스와 아시아 및 카리브 제도를 대립시키는 것은 별 의미가 없다. 싱가포르나 케이만 제도에 있는 대다수 은행들은 새로운 고객을 유치하기 위해 그곳에 설립된 스위스의 자회사에 다름 아니다. 비밀계좌에 대한 공격과 스위스와 다른 나라들이 체결한 협약을 피해, 간단한 기록 조작으로 취리히에서 홍콩으로 계좌를 옮기는 것이다. 잘 알려지지 않았지만 역사적으로 유서 깊은 작은 은행들조차, 공동경영자가 각자 자산을 책임지는 100년이 넘은 은행들조차도 나소 바하마 연방의 수도 나 싱가포르에 자회사가 있을 정도이다.

버진아일랜드-스위스-룩셈부르크

사실상 조세 도피처들은 서로 경쟁하기보다 자산 관리 업무의 다양한 단계별로 특화되는 경향을 보이고 있다. 과거 스위스의 은행들은 총체적인 서비스를 제공했다. 유가증권을 보관하고 투자 전략을 실행하는 한편으로, 숫자로 표시된 저 유명한 비밀계좌들을 통해 실소유주의 정체를 숨기는 서비스를 제공했다. 그러나 오늘날에는 유가증권 보관만 그들의 소관으로 남고, 나머지 업무는 공생 관계인 룩셈부르크·버진아일랜드·파나마 등 다른 조세 도피처로 이전되었다. 이것이 오늘날 국제 자산 관리 시스템을 구성하는 '거대 회로'이다.

은행은 더 이상 직접 투자하지 않는다. 예금자들이 보유하길 원하는 주식이나 채권을 직접 선택한 후 은행에 구매와 판매를 주문하는 '소액주주' 자본주의 시대는 갔다. 이제 투자 업무는 투자가 직업인 사람들, 즉 투자펀드 관리인들에게 위탁된다.

투자펀드는 예금자들의 자금을 모집해 전 세계를 상대로 투자를 집행한다. 이로써 예금자들은 (주어진 위험 수준에서) 개인 투자자들보다 평균적으로 더 나은 수익을 얻는다. 이제 개인 투자자들은 주식이나 채권이 아니라 유망해 보이는 투자펀드를 선택하기만 하면 된다. 그런데 스위스에는 그런 투자펀드사가 거의 없다. 유럽인들이 이용하는 투자펀드는 대부분 다른 세 곳의 조세 도피처, 즉 룩셈부르크·아일랜드·케이만 제도에 있다.

최근 20여 년간 룩셈부르크에는 시카브SICAV(Société d'investissement
à capital variable) 유동자본투자회사 와 OPCVM(Organisme de Placement
Collectif en Valeurs Mobilieres) 투자신탁회사 같은 유럽의 '고전적' 투자펀드
사들이 대거 설립되었다. 그 결과, 인구 50만의 극소국가 룩셈부르크
는 미국 다음으로 투자펀드를 많이 유치한 나라가 되었다. 이 사실이
알려 주는 경험적 교훈은 다음과 같다.

은행에 가서 나의 저축을 시카브펀드에 투자해 달라고 요청하고, 은
행 직원이 건네는 안내서를 읽어 보자. 대략 시카브펀드의 둘 중 하나
는 룩셈부르크에 있을 것이다. 그리고 절묘한 온갖 종류의 투자를 집
행하는 헤지펀드는 대부분 케이만 제도에 은신해 있다. 왜냐하면 이곳
에서는 투기적 매수·매도 포지션을 통제하는 법제가 대단히 유연하기
때문이다. 아일랜드로 말할 것 같으면, 시카브펀드와 헤지펀드 외에도
통화펀드 외국의 환율 움직임을 노리는 외환투기펀드 가 선호하는 나라이다.

유럽의 경영자들은 대부분 파라나 런던 혹은 프랑크푸르트 등 그
들의 고객과 가까운 곳에서 일하고 있지만, 그들의 자금은 그 자금이
소재한 조세 도피처의 법을 따르고 있다. 이러한 조작이 가져다주는
이득은 무엇일까? 이러한 조작은 조세 포탈을 처벌하기 위해 각국에
신설된 각종 세금을 완벽하게 합법적으로 피할 수 있게 해 준다.

미국 주식에 투자되는 룩셈부르크 투자펀드를 예로 들어 보자. 두
나라 간의 조세 조약에 근거해, 미국은 룩셈부르크의 투자펀드가 미
국 주식에 투자하여 올린 배당금에 전혀 세금을 부과하지 않는다. 룩

셈부르크에서는 투자펀드가 수령한 배당금에도, 투자펀드가 예금자들에게 배분하는 배당금에도 세금이 붙지 않는다. 아일랜드와 케이만 제도도 마찬가지다. 더군다나 이곳에 투자펀드를 설립하는 데에는 거의 비용이 들지 않는다. 이 두 요소는 세 역외 금융시장의 성공 사유를 설명해 준다.

반면에 스위스에서는 투자펀드로 발생·분배된 배당금에 35퍼센트의 세금을 부과한다. 조세 포탈을 억제하는 것으로 간주되는 이 과세가 낳은 결과는 무엇일까? 스위스로 모였던 자금은 룩셈부르크로 이전되었고, 예금자들은 제네바 계좌로 룩셈부르크의 시카브펀드를 주로 매입하게 되었다.

스위스는 계좌 소유권자의 이름을 은폐하는 기술을 다른 조세 도피처에 전수하고 스위스 대신 이를 통제하게 하고 있다. 숫자 명의를 대신하는 고유 번호로 된 계좌들은 '자금세탁방지법'으로 금지되었지만, 이제 이것은 신탁회사 투자펀드와 페이퍼 컴퍼니로 대체되었다. 1960년대까지만 해도 스위스 계좌는 일련의 숫자로 확인되었지만, 오늘날에는 금융 혁신의 기적에 힘입어 일련의 문자로 바뀌었다. 은행 계좌 명세서에 찍혔던 '12345 계좌'는 'ABCD사 계좌'로 변했다. 물론 양자 모두 실소유주는 파악할 수 없다. 그리고 페이퍼 컴퍼니의 소재지는 스위스가 아니라 비용을 거의 들이지 않고도 신속하고 확실하게 페이퍼 컴퍼니를 설립할 수 있는 소수의 조세 도피처로 바뀌었다.

이 영국령 섬들의 전문 분야가 신탁회사이다. 2013년에 스위스 계좌의 60퍼센트 이상이 파나마 소재의 페이퍼 컴퍼니, 영국령 버진아일랜드에 등록된 신탁회사, 리히텐슈타인 소재 펀드회사들을 경유해 유치되었다. 여기서 중요한 점은, 이 앵글로색슨 신탁회사들이 스위스 비밀계좌와 경쟁하지 않는다는 사실이다. 오히려 이 신탁회사들과 스위스 계좌의 자산 은닉 기술은 거의 분리 불가능하다.

비록 스위스가 헤게모니를 상실하고 국제 자산 관리 시스템이라는 거대 회로에 편입되었다 할지라도, 스위스는 여전히 이 회로의 중심부에 있다. 그 이유는 두 가지다.

우선 자산 관리 사슬의 총체를 고안해 낸 주체가 바로 스위스 은행들이다. 형식적으로는 버진아일랜드에 있더라도 대부분의 페이퍼 컴퍼니는 스위스가 만들었다. 그리고 아주 빈번하게, 스위스 은행들은 고객에게 어떤 펀드를 사야 할지 조언하고 있다. 무엇보다 조세 포탈이 가능해지는 것은, 버진아일랜드나 룩셈부르크를 경유해서가 아니라 스위스를 통하기 때문이다.

파리의 계좌로 룩셈부르크 펀드에 투자(혹은 이 계좌를 페이퍼 컴퍼니로 이전)해서는 프랑스의 소득세나 연대세l'impot de solidarite sur la fortune(ISF) 우리 돈으로 약 13억 원 이상의 순자산을 보유한 부자들에게 부과되는 '부자세' 또는 '자산연대세'를 피할 길이 없다. 어떤 방법을 동원해도 프랑스 은행을 통해서는 조세 포탈이 불가능하다. 프랑스 은행들은 자사 소유 정보를 의무적으로 프랑스 세무 당국과 교환해야 하기 때문이다. 오로지 스위스가 보장하는 비밀계좌를 통해서만 초갑부들은 소득과 자산을 신고하지 않고 조세를 포탈할 수 있다.

스위스 금융시장 : 1조 8천억 유로

오늘날 스위스에 유치된 자산들의 상세한 대차대조표로
넘어가 보자. 1998년 이후로 스위스국립은행(BNS)의 월별 통계를 이용
할 수 있게 되었다. 그러나 이 유일무이한(세계의 어떤 나라도 이와 유사한
통계를 제출하지 않는다) 데이터는 최근까지도 연구된 적이 없다.[9] 이용
가능한 스위스국립은행의 최신 정보에 따르면, 스위스에 유치된 외국
자산은 1조 8천억 유로약 2,370조 원에 달한다. 런던 정상회담에서 G20
회원국들이 '비밀계좌'의 종말을 선언한 2009년 4월 이후 14퍼센트나
증가한 액수이다.

이 엄청난 역동성이 과연 놀랄 만한 일일까? 도처에서 얘기되는 것
과 정반대로, 비밀계좌는 거의 아무런 타격도 받지 않았다. 확실히 '개
미' 조세 포탈자들은 이미 수년 전부터 약간 불안전한 상태였다. 스위
스는 UBS 은행에 있는 미국인 소유 계좌 중 세금 신고가 안 된 계좌
를 미국 정부에 확인해 주기로 합의했다. 그리고 독일인이나 프랑스인

---

9 Gabriel Zucman, "The Missing Wealth of Nations: Are Europe and the U. S. net
   Debtors or Creditors?", *Quarterly Journal of Economics*, 128(3), 2013.

이 상속받은 계좌 가운데 너무 눈에 띄고 거의 수익이 없는 비밀계좌들을 청산하려 하고 있다.

그러나 이 '개미' 비밀계좌의 감소는 '초갑부들'이 위탁한 자금의 폭발적 증가로 상쇄되고도 남는다. 이 엄청난 자산은 거의 처벌받지 않고 있다. 전 은행 관계자의 상세한 증언 같은 명백한 포탈 증거가 없는 한, 예나 지금이나 그 불법성을 입증할 만한 자료가 없다. 그리고 이런 종류의 증거는 극히 이례적이다. 그런데 왜 조세 포탈자들이 스위스를 떠나야 한단 말인가? 비밀계좌는 뭘 잘 모르는 신문 지상에서만 사라졌을 뿐이다.

1조 8천억 유로라는 액수는 낮게 잡은 추산이다. 스위스국립은행(BNS)의 데이터는 전체적으로 볼 때 확실히 양질의 고급 데이터이다. 스위스에서 영업 중인 모든 은행(외국의 자은행들까지 포함)과 이 은행들에 예치된 자산 전체가 포괄되어 있다. 하지만 완벽한 데이터는 아니다. 어떤 경제 데이터도 완벽할 수는 없다. 모든 데이터는 그것이 구축된 시점을 기준으로 그 범위와 한계를 이해할 필요가 있다. 근본적인 문제는, 통계를 내는 사람들이 이 자산의 실제 수혜자가 누구인지를 확인하려 하지 않는다는 데 있다. 이 문제는 두 가지 결과를 발생시킨다.

첫 번째 결과는, 일부 스위스인 소유 자산이 사실은 외국인 소유라는 것이다. 이 문제를 해결할 방안을 궁리해 보았지만, 현재로서는 뾰족한 해결책이 없다. 모든 상황을 고려해 볼 때 내가 제안하는 수정안도 흡족하지 못한 게 사실이다.[10] 특히 외국인 소유 자산의 60퍼센트가 영국령 버진아일랜드와 파나마 등 페이퍼 컴퍼니들이 소재한 다른 국가에 귀속되어 있어서, 스위스에 있는 계좌들의 실소유자를 파악하려면 몇 가지 가정을 동원해야 한다.[11]

이러한 한계에도 불구하고, 내가 **표 1** 에서 제시한 수치들은 운용 가능한 자료로 도출한 최상의 결과물이다. 이는 스위스 은행들 전체를 포괄하는 공식 통계자료에 투명한 방법론을 적용하여 도출한 유일한 수치들이다. 이 표가, 떠도는 소문이나 그 저의가 의심스러운 컨설팅 사무소나 변호사 사무실이 발표한 '감정' 따위에 기초한 것이 아님을 다시 한 번 밝혀 둔다.

이 표는 두 가지 사실을 알려 준다.

첫째, 끈질기게 전해져 오는 전설과는 달리 대부분의 자산(1조 유로에 달하는, 스위스에 유치된 외국 자산의 50~60퍼센트)은 여전히 유럽인들 소유이지 러시아나 아프리카의 독재자들 것이 아니라는 것이다. 여기에는 명백한 사실이 존재하는데, 그것은 유럽이 세계에서 가장 부유한 지역이라는 점이다. 유럽의 총 사유 자산은 러시아나 아프리카 자산

---

10 1조 8천억 유로라는 추산은 스위스국립은행(BNS)이 스위스 소유로 잘못 기입한 750억 유로를 포함한 액수이다. 잘못 기입된 액수는 이를 훨씬 상회하는 수천억 유로에 달할 수 있으며, 이에 따라 스위스에 유치된 역외 자산의 실제 규모는 총 2조에서 2조 2천억 유로에 달할 수 있다.

11 상세한 내용은 모두 온라인 부록 제1장에 있다.

표1 **스위스 계좌 보유자들의 국적과 투자 활동(2013년 가을)**

2013년 기준 스위스 소재 은행들은 스위스 비거주인들 소유의 1조 8천억 유로를 관리하고 있다. 이 가운데 1조 유로는 유럽인의 것이다. 그리고 스위스에서 관리되는 자산의 40퍼센트가 룩셈부르크의 투자펀드에 투자되어 있다.

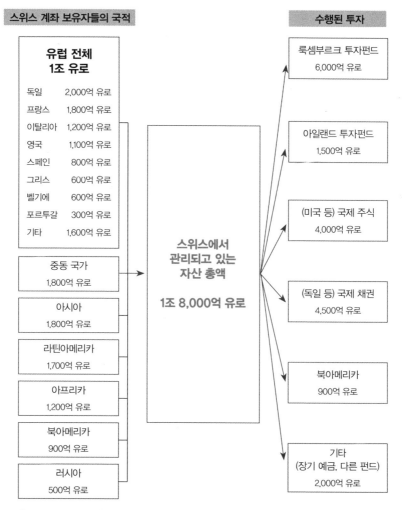

출처 : 스위스국립은행(BNS)과 저자의 추산(온라인 부록 제1장 참조).

의 10배 이상이고, 이것이 역외 자산의 절대 수준에도 반영되어 있는 것이다. 스위스와 국경을 맞대고 있는 세 나라는 당연히 그들 중 선두에 위치해 있다. 독일은 2천억 유로, 프랑스는 1,800억 유로, 이탈리아는 1,200억 유로.

두 번째 사실은, 그렇다고 해서, 곧 스위스에 유치된 외국 자산 중 유럽의 자본이 주된 비중을 차지한다고 해서 아프리카나 개발도상국 전반의 조세 포탈이 문제가 되지 않는다는 의미는 아니라는 것이다. 그 국내총생산(GDP) 규모에 비해 아프리카와 개발도상국들이 스위스에 보유하고 있는 자산은 지나치게 많으며, 그 역동성은 우려스럽다. 스위스에 1,200억 유로(GDP가 아프리카 대륙의 7배인 미국보다도 많은 액수)를 보유하고 있는 아프리카 대륙은 아마도 조세 포탈로 가장 큰 타격을 받는 지역일 것이다. 조세 포탈이 유발하는 재앙적 결과는 부유한 나라보다 개발도상국에 훨씬 더 심각한 영향을 끼친다.

비밀계좌를 통해 외국인들은 어떤 투자를 하는 것일까? 2013년 가을 현재 상황은 다음과 같다. 스위스에 유치된 총 1조 8천억 유로 가운데 겨우 2천억 유로만이 은행의 장기 예금 형태를 취하고 있다. 나머지는 주식, 채권, 특히 투자펀드와 같은 유가증권으로 투자되어 있다. 이 투자펀드 가운데서 룩셈부르크가 대략 6천억 유로로 가장 알짜배기를 유치하고 있다.

이렇게 스위스 은행들의 최고 고객은 유럽인들이고, 그들 대다수는 영국령 버진아일랜드에 있는 신탁회사나 페이퍼 컴퍼니를 통해 자산을 보유하고 있다. 이 회사들은 숫자로 된 계좌 시대에 버금가는 익명성을 그들에게 제공한다. 유럽 고객들이 선호하는 투자는 룩셈부르크 펀드를 보유하는 것인데, 스위스의 비밀계좌 덕분에 또 룩셈부르크의 포탈 방지책의 부재 덕분에 그들은 이 펀드로 인해 발생하는 수익에 대해 전혀 세금을 내지 않고 있다.

버진아일랜드-스위스-룩셈부르크, 바로 이들이 오늘날 유럽 조세 포탈의 중심부에 위치한 사악한 트리오이다.

CHAPTER 2

국가들에서 빠져나간 자산

이제 스위스의 사례를 넘어 지구적 관점을 취해 보자. 조세 도피처 전체에서 초갑부들의 조세 포탈이 유발하는 비용은 얼마나 될까? 사용 가능한 데이터가 너무나 불완전해서 이 물음에 확실한 답변을 제시하기란 불가능하다. 다만, 내가 이번 장에서 제시하는 추산이 현존하는 가장 세밀한 조사에 근거했다는 점만 밝혀 두겠다. 이 추산은 함께 분석된 적이 결코 없는 방대한 양의 통계자료에 기초하여 산출한 것이다.

이 조사는 도난당한 서류들과 사라진 데이터(수백 기가바이트 용량이 될 수도 있지만, 지극히 파편적으로 남아 있는)보다도 전체 조세 포탈을 덮고 있는 베일을 훨씬 더 잘 벗길 수 있게 해 주고, 조세 포탈이라는 '재앙'과의 투쟁을 구체적으로 진행할 수 있게 해 준다. 비록 불완전할지라

도 수치화된 추산에 근거해야만 비로소 조세 도피처에 가할 적절한
제재를 산정할 수 있기 때문이다.

전 세계 가계 금융자산의 8퍼센트

이 산정을 성공적으로 수행하는 데에는 두 가지가 필요
하다. 조세 도피처가 보유하고 있는 자산 총액과, 이 자산이 합법적으
로 신고될 경우에 추가로 징수해야 할 세액이다. 이 수치들에 차례로
접근해 보자.

역외 자산 규모와 관련해, 나는 전 세계 가계 금융자산의 약 8퍼센
트가 조세 도피처에 숨어 있다고 추산한다. 이것이 구체적으로 의미
하는 바는 무엇인가? '가계 금융자산'이라 함은 부채를 제외하고 전 세
계의 개인이 보유한 은행예금과 적금, 주식과 채권, 투자펀드와 생명보
험증서의 총합이다.

2013년 말 프랑스의 국립통계경제연구소(INSEE)와 미국 연방준비제
도(FED)와 같은 통계 기관들이 산정하여 발표한 내용에 따르면, 전 세
계 가계의 금융자산은 73조 유로약 9경 5,912조 원에 이른다.[1] 이 가운데

---

1 Thomas Piketty et Gabriel Zucman, "Capital is Back…", 참조. 이 논고에 실린 산정은 조
세 도피처에 있는 돈을 포함시키지 않았다. 온라인 부록은 이를 보충한 자료이다.

8퍼센트, 다시 말해서 5조 8천억 유로 약 7,600조 원 가 조세 도피처 소재 계정에 유치되어 있다. 실로 막대한 액수이다. 참고로, 유럽연합의 경제 위기에 지렛대 역할을 했다는 그리스의 순 외채는 2,300억 유로 약 303조 원 였다.

이미 살펴보았듯, 스위스에 예치된 자산은 1조 8천억 유로에 달한다. 요컨대 전 세계 역외 자산 총액의 3분의 1에 육박한다. 나머지 역외 자산은 초갑부들을 위한 민간은행 업무를 수행하는 다른 조세 도피처에 예치되어 있다. 그 제일선에 싱가포르, 홍콩, 바하마 제도, 케이만 제도, 룩셈부르크, 저지 섬이 포진해 있다(표 2 참조). 그러나 스위스와 다른 조세 도피처들을 구분하는 것은 별 의미가 없다는 점을 다시 한 번 강조한다. 싱가포르와 홍콩에 등록된 대부분의 자산은 사실 스위스 은행들이 관리하고 있고, 그중에서도 비밀계좌를 주로 취급하는 취리히와 제네바의 은행들이 관리한다.

어떻게 이런 결과가 도출되었을까?[2] 부유한 가계는 조세 도피처를 이용해 수익이 거의 없거나 전혀 없는 당좌계정에 수백만 유로를 휴면 상태로 내버려 두지 않는다(이러한 일은 스위스에서 거의 일어난 적이 없다). 이 확증된 사실로부터 모든 것이 시작된다. 부유한 가계는 파리나 마드리드에 있는 은행 계좌를 이용해 투자하는 것과 똑같은 투자를 역

---

2 내가 취한 방법을 상세히 살펴보려면 다음의 온라인 부록을 참조하라. Gabriel Zucman, "The Missing Wealth of Nations…", art. cit., ainsi que l'annexe en ligne.

표2 **조세 도피처에 있는 전 세계 가계 금융자산(2013)**

2013년 기준 스위스 소재 은행들은 스위스 비거주인들 소유의 1조 8천억 유로를 관리하고
있다. 이 가운데 1조 유로는 유럽인의 것이다. 그리고 스위스에서 관리되는 자산의 40퍼센
트가 룩셈부르크의 투자펀드에 투자되어 있다.

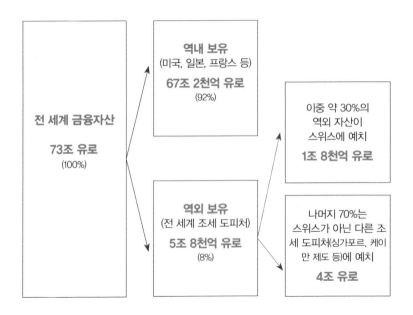

출처 : 각국의 자산 산정, 스위스국립은행(BNS)과 저자의 추산(온라인 부록 제2장 참조).

외 계좌를 이용해서 한다. 주식이나 채권 같은 유가증권, 특히 투자펀드를 매입하는 것이다. 조세 도피처의 자산은 휴면 상태로 머물지 않고 국제금융시장을 살찌운다.

그런데 이러한 투자는 각 국가들의 국제적 위상에 이상 현상을 발생시킨다. 즉, 각국의 자산과 부채를 기입하는 통계에 이상 현상을 가져오는 것이다. 다음의 예는 이 점을 간명하게 보여 준다.

한 프랑스 거주민이 스위스 계좌로 미국의 유가증권, 예컨대 구글 주식을 소유하고 있다고 가정해 보자. 무엇이 어떻게 기입될까? 미국에서는 부채로 기입된다. 즉, 미국인은 외국인이 자기 나라의 주식을 보유하고 있다고 본다. 스위스에서는 전혀 기입이 되지 않는다. 스위스 회계사는 스위스 은행에 구글 주식이 기탁되어 있는 것을 발견하지만, 이 주식을 프랑스인 소유로 본다. 그러므로 이 주식은 스위스의 자산이 아니게 된다. 프랑스에서도 역시 아무것도 기입되지 않는데, 이 경우에는 이 주식의 존재 자체를 모르기 때문에 그런 것이다. 프랑스중앙은행은 자국 거주민이 미국 채권을 가지고 있다고 기입해야 하지만 그렇게 할 수 없다. 왜냐하면 프랑스중앙은행은 프랑스인이 스위스 제네바 은행 계좌에 구글 주식을 보유하고 있다는 사실을 알 길이 없기 때문이다.

이런 일이 거듭될수록 무엇인가 이상한 현상, 요컨대 전 세계적 수준에서 자산보다는 부채 기입이 더 많아지는 현상이 발생한다. 통계가 멀리 거슬러 올라갈수록 '구멍'이 생긴다. 국가들의 자산에 기입되는 유가증권보다 부채에 기입되는 유가증권이 더 많아지는 구멍 말이다. 마치 지구를 화성이 부분적으로 보유하고 있기라도 하듯이.[3] 바로 이와 같은 국가 자산과 부채 간의 불균형이 조세 도피처에 있는 자산 총액을 산정하는 나의 출발점이다.

룩셈부르크의 심연

자산-부채 간의 이 같은 편차가 역외에 예치된 자금을 제대로 반영하고 있는지를 어떻게 확신할 수 있는가? 바로 이것이 이 단계에서 본질적인 문제이지, 이 문제와 관련 없어 보이는 다른 산정 문제는 여기서 본질적인 것이 아니다. 이 문제에 대한 답은 간단하고도 흥미롭다. 자금은 우연히 증발하는 것이 아니라, 매우 구체적인 조세 포탈 도식에 따라 증발하고 있다.

전 세계를 순환하고 있는 룩셈부르크발 자금이 얼마나 되는지, 룩셈부르크의 통계학자들에게 물어보자. 2013년 그들이 내놓은 답변은 2조 2천억 유로약 2,900조 원 이다. 이제 자산으로 기입된 다른 국가들

---

3 Philip Lane et Gian Milesi-Ferretti, "The External Wealth of Nations Mark II: Revised Estimations of Foreign Assets and Liabilities 1970-2004", *Journal of International Economics*, vol. 73, 2007.

이 보유한 룩셈부르크 자금이 얼마인지를 살펴보자. 통계대로라면 그 액수는 2조 2천억 유로여야 맞지만, 실제로는 1조 2천억 유로밖에 발견되지 않는다. 그 차액인 1조 유로는 세계의 어떤 통계를 들여다봐도 그 소유주를 찾을 수 없다. 바로 이 점이 분노할 일이다.

투자 자금이 가 있는 아일랜드와 케이만 제도에서도 똑같은 문제가 제기된다. 이 국가들의 시카브 역외펀드와 헤지펀드는 수조 유로를 운용하고 있다. 하지만 누가 이 펀드를 소유하고 있는지를 알 수는 없다. 대부분의 세계 자산-부채 간 불균형은 이로 인해 발생한다.

이미 살펴보았듯 스위스 은행 계좌 보유자들이 선호하는 투자는 투자펀드, 특히 아일랜드와 룩셈부르크의 투자펀드 매수이다. 이 투자펀드를 자세히 살펴보면, 전 세계 자산-부채 간 통계에 발생한 이상 현상이 조세 도피처를 통해 개인들이 벌인 투자의 반영임을 알 수 있다. 바로 그렇기 때문에 2013년 4조 8천억 유로에 육박하는 전 세계 자산-부채 간 불균형 액수를, 전 세계 가계들이 보유한 역외 유가증권 총액으로 산정할 수 있는 것이다.

그러나 이 방법은 유가증권이라는 오직 한 유형의 자산만을 포착해 낸다. 이 방법으로는 은행에 있는 단기 예금 액수는 알 수가 없다. 스위스의 경우, 단기 예금 액수는 스위스에 유치된 전체 외국 자산의 9분의 1, 즉 1조 8천억 유로 중 약 2천억 유로약 260조 원에 불과하다. 이는 다음과 같은 사실을 말해 주는 듯하다. 다른 조세 도피처에서는 단기 예금의 규모가 상대적으로 더 큰데, 그 이유가 다른 조세 도피처들이 스위스보다 다소 높은 이자율을 제공하기 때문이라는 것이다. 국제결제은행(BIS)과 각국 중앙은행들이 제공하는 믿을 만한 단서로 추산해 보면, 2013년 기준 개인들이 은닉한 은행예금 총액은 1조 유로이다.

정리하면, 역외 자산 총액은 5조 8천억 유로(7조 5천억 달러) 약 7,600조 원에 달하며, 그중 1조 유로는 다소 '휴면 상태에 있는' 은행예금 형태로 있고, 나머지 4조 8천억 유로는 주식과 채권, 시카브 역외펀드에 투자되어 있다는 계산이 나온다. 이 금액은 전 세계 가계 금융자산의 8퍼센트에 육박한다.

명확히 해 보자. 여기서 문제가 되는 것은 절대적인 수학적 진실이 아니라 과소 집계된 추정치다. 현재 우리가 활용할 수 있는 최고 추정치는 각 국가의 국제투자와 관련된 공식적인 수치, 그리고 스위스에 예치된 자금의 액수 및 성격과 맞아떨어지는 유일한 수치다.

7조 5천억 달러인가, 21조 달러인가

2012년 여름 전 세계 신문들의 1면을 차지했던 제임스 헨리James S. Henry 'Tax Justice Network' 소속 미국 경제학자 의 추산(헨리는 전 세계 초갑부들의 세금 도피액을 내 추산액보다 서너 배 많은 21~32조 달러로 추산했다)은 과도하다고 생각되는데, 그 이유를 간략히 살펴보자.

제임스 헨리는 21조 달러약 2경 4천조 원라는 액수를 두 단계의 과정을 거쳐 얻어 낸다.[4] 그는 국제 은행예금 총액, 다시 말해서 프랑스 은행에 독일 기업들이 예치한 예금, 영국 가계가 스위스 은행에 예치한 예금 등에서 출발한다. 국제결제은행(BIS)의 총계에 따르면, 이 예금의 총액은 약 7조 달러약 8천조 원에 달한다. 이미 살펴보았듯이, 부유한 개인들은 자금을 휴면 상태로 놔두지 않고 조세 도피처를 이용해 금융 투자를 한다. 이 금융 투자를 포착하기 위해 제임스 헨리는 당좌예금 총액에 3을 곱한다. 이와 관련해 헨리는 여러 컨설팅 회사들이 벌인 연구를 참조하는데, 이 연구에 따르면 부자들의 금융자산은 그 3분의 1이 은행예금이고 3분의 2는 주식과 채권, 투자펀드라고 한다. 이렇게 7조 ×3은 21조라는 것이다.

이 방식이 지닌 장점은 투명하다는 것, 누구나 접근할 수 있는 통계를 토대로 하고 있다는 것, 또 논증적 토론을 가능하게 만든다는 것이다. 하지만 그럼에도 불구하고, 이 방식은 대단히 불충분한 데가 있다.

우선 7조 달러라는 액수부터가 전 세계 가계들이 스위스 은행에 보유하고 있는 은행예금 액수를 상당히 과대평가하고 있다. 이 액수는 완전히 합법적인 수많은 기업 계좌들의 자금까지 포함하고 있다. 독일 기업도 파리에 계좌가 있어야 하고, 케이만 제도의 헤지펀드도 런던이

---

4   James Henry, "The price of offshore revisited", TJN, 2012.

나 뉴욕에 현금 자산을 당연히 보유하고 있다. 오늘날 세계적으로 엄청나게 많은 자금의 움직임이 포착되지만, 이는 비밀계좌를 통한 초갑부들의 조세 포탈과는 무관하다.

국제결제은행(BIS)은 7조 달러에 달하는 국제 은행예금 가운데 어떤 부분이 잠재적 조세 포탈자들의 것인지를 말해 주지 않는다. 유감스러운 일이다. 하지만 그렇다고 해서 외국에 예치된 자금의 100퍼센트가 잠재적 조세 포탈자들의 소유라고 말할 수는 없다. 금융의 세계화를 조세 회피로 요약할 수는 없다. 가장 엄격한 조사 방식은, 각국 중앙은행이 공개한 데이터를 참조하는 것이다. 대부분의 국가에서 대다수의 계좌가 중개회사나 보험사, 투자펀드나 비금융 기업의 소유이지 (설사 신탁회사나 페이퍼 컴퍼니 뒤에 숨어 있다 할지라도), 개인들 소유가 아니라는 것은 잘 알려진 사실이다.

그 다음으로 유가증권 보유고 문제가 있다. 만약 제임스 헨리가 추산하듯 그 액수가 14조 달러에 달한다면, 자산-부채 긴 왜곡 비율이 현재 관찰되는 것보다 2배 이상 커져야 한다. 왜냐하면 가계들이 거주 국가 밖에서 보유한 모든 유가증권은 국가 부채로 기입되지 국가 자산으로 기입되지 않기 때문이다. 제임스 헨리는 이와 관련해 자신의 추산이 어떻게 기존 데이터와 일치될 수 있는지를 전혀 설명하지 않는다.

신탁회사나 그 유사 업체 데이터를 그대로 가져다 써서는 안 된다. 페이퍼 컴퍼니나 투자금융사, 신탁회사는 직접 자산을 구축하지 않는다. 그들은 명의名義 대여자일 뿐이다. 그들의 부富는 결국 그들에게 위탁된 유가증권에서 나온다. 그런데 이 유가증권은 그것이 역외 계좌에 예치되는 순간부터 나라의 부채로 기입되지 자산으로 기입되지 않는다. 개인이 본인 명의로 예치한 유가증권도 정확히 이와 동일한 방식으로 기입된다. 따라서 나는 이 유가증권을 추산에 포함시켰다.

최소 추산

설령 내가 제시하는 추산 규모(2013년 가계의 금융자산 중 8퍼센트, 즉 5조 8천억 유로)가 제임스 헨리가 추산한 수십 조보다 훨씬 더 신뢰할 만한 것일지라도, 이 추산치가 최소 수치임은 나도 인정한다. 내가 사용한 방법은 상당수의 자산을 제외시킨다.

전 세계 금융자산 중 스위스나 케이만 제도의 금고에 예치된 현금 총액은 나의 추산에서는 빠져 있다. 2013년 초 전 세계적으로 100달러짜리 지폐가 8,630억 달러 약 997조 원나 유통되었고, 500유로짜리 지폐의 유통액은 (그리스와 같은 국가의 GDP를 매입하고도 남는) 2,900억 유로 약 380조 원에 달했다.

두 지폐 모두 2008년 금융 위기 초부터 유통량이 급격히 증가했다. 고액지폐가 조세 포탈자나 마약 밀매업자 등 온갖 범죄자들의 손에 들어가 있다는 것은 잘 알려진 사실이다. 500유로짜리 65만 원짜리 지폐를 몇 번이나 사용해 봤는가?

문제는 이 고액권들이 어디에 예치되어 있는지를 아는 것이다. 가장 믿을 만한 미국 측 추산에 따르면, 100달러권의 약 70퍼센트가 미국 영토 밖에 있다고 한다.[5] 100달러짜리 지폐의 상당수가 버진아일랜드가 아닌 아르헨티나와 러시아(1990년대 이후 벤저민 프랭클린 초상이 그려진 100달러권을 가장 선호한 두 나라)에서 유통되었다는 것도 잘 알려진 사실이다. 그리고 엄청난 양의 500유로짜리 지폐가 스페인에 있다. 이를 종합해 볼 때 조세 도피처의 현금 총액이 총 3천억 유로약 400조 원 (전 세계 역외 자산 총액 5조 8천억 유로의 약 20분의 1)를 넘는 일은 거의 있을 수 없다.

조세 포탈자가 스위스나 룩셈부르크 보험사의 생명보험 계약서에 서명하는 경우를 생각해 보자. 민간은행과 달리 보험사에 위탁된 자금은 보험사의 대차대조표에 기입된다. 특히 계약서상에 '계좌 단위'로 (이 계좌 단위에서 예금자들은 각자 원하는 투자를 선택하고 해당 리스크를 감수한다) 예치된 유가증권은 보험사의 자산으로 기입되고, 결국 보험사가 소재한 국가의 자산으로 기입된다. 따라서 이 유가증권은 해당 국가의 국제적 위상을 흔드는 이상 현상을 유발하지 않으므로 추산에서

---

5 Ruth Judson, "Crisis and Calm: Demand for U. S. Currency at Home and Abroad from the fall of Berlin Wall to 2011", work document of Board of Governor of the Federal Reserve System, 2012.

제외시켰다.

우리가 사용할 수 있는 데이터가 시사하는 바는, 보험사 문제는 부차적이라는 것이다. 역외 보험사에 위탁된 자금은 아직은 대수롭지 않은 수준이다. 어찌 보면 당연한 일이다. 비밀계좌를 이용해 세금을 회피한다고 할 때, 생명보험은 전혀 혹은 거의 이용 가치가 없기 때문이다. 세금 회피를 목적으로 할 때 '계좌 단위'의 계약이 갖는 유일한 장점은 금융자산과 그 실소유주 사이에 장막을 칠 수 있다는 점뿐이다. 하지만 이 업무는 이미 페이퍼 컴퍼니, 신탁회사, 펀드회사 등이 훨씬 더 저렴한 수수료를 받고 충실히 수행해 주고 있다.

'유로화'로의 보험계약(외환시장의 변동과 관계없이 유로화 가치를 보장해 주는) 환율 변동에 따른 위험이 없는 환보험 은 유용하지만, 가져다주는 수입이 적다. 그럼에도 불구하고 가장 최근의 통계는 룩셈부르크 생명보험이 붐이라는 사실을 보여 준다. 혹시 모를 일이다. 2020년에는 거대한 세계 자산 관리 회로에서 룩셈부르크 보험사들이 파나마의 페이퍼 컴퍼니를 대체하게 될지.

결국 나의 추산은 조세 도피처에 예치된 비非금융자산 총액은 전혀 고려하지 않았다. 세이셸 군도나 케이만 제도에 등록된 요트며, 스위스 별장이나 두바이 금고에 있는 예술 작품 등등. 이 모든 것을 간과할 수는 없지만, 대체로 거대 자산은 유가증권으로 이루어져 있다. (간혹 명확히 노출되기도 하지만) 모든 부를 요트에 투자하는 일은 드물다. 자산 등급이 높아지면 높아질수록 금융자산 규모, 그중에서도 주식의 규모가 증가하는 것은 자본주의의 대원칙 가운데 하나이다. 주식은 진정한 경제적·사회적 권력인 생산수단의 소유권을 부여한다.

결국 내가 제시하는 대체적인 규모(전 세계 가계 금융자산의 8퍼센트)는 맞을 확률이 높다. 모든 자산을 합산한 실제 외국 은닉 자산 총액은 2013년 현재 전 세계 가계 금융자산의 10~11퍼센트, 즉 8조 유로 약 1경 486조 원 정도로 추정할 수 있다. 하지만 이 액수를 넘지는 않을 것이다.

1,300억 유로의 세수 손실

문제는 용납할 수 없는 세수稅收 손실을 유발하는 엄청난 부富인데, 지금 이러한 손실을 막을 수 있다는 점이 더 중요하다. 2013년 현재 전 세계 초갑부들의 조세 포탈 액수는 매해 1,300억 유로 약 170조 원에 달한다(표3 참조).

스위스 은행 당국자의 주장과 달리, 대부분의 역외 계좌는 세무 당국에 신고되지 않는다. 여기서 말하는 계좌는, 국경을 넘나드는 노동자들의 당좌 계좌나 외국 체류로 인해 많은 사람들이 갖게 되는 당좌 계좌가 아니다. 내가 추산한 8퍼센트에는 이러한 계좌가 하나도 들어 있지 않다. 이 계좌들은 대부분 합법적으로 신고된 계좌들이다. 내가 추산에 포함시킨 계좌는 그 계좌로 주식이나 투자펀드를 매입하는 투자 계좌들이다. 이것을 어떻게 알 수 있는가? 이번에도 스위스의 공식

표 3 전 세계 비밀계좌가 유발하는 비용(2013)

2013년 전 세계 비밀계좌를 통한 조세 포탈액은 1,300억 유로 약 170조 원에 달한다.

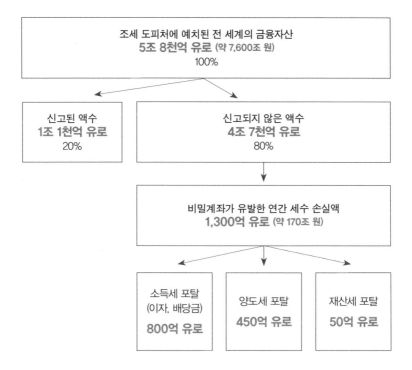

출처 : 저자의 추산(온라인 부록 제2장 참조).

통계 덕분이다.

2005년부터 스위스 은행 계좌로 이자를 받는 유럽연합 국가 사람들은 둘 중 하나를 택해야 했다. 자산을 신고하든가, 아니면 익명성을 유지하는 대가로 은행에서 35퍼센트의 세금을 공제당하든가. 그리고 최신 수치에 따르면, 해당 자금 중 단지 20퍼센트만이 신고되었다. 나머지 예금자들은 신분 노출을 거부했다. 그러므로 2013년에 전 세계 역외 자산의 80퍼센트, 즉 4조 7천억 유로 약 6천조 원 가 신고되지 않았다는 가설은 타당하다.

이러한 재산 은닉이 유발한 세수 손실액은 얼마나 될까? 대부분의 나라에서 납세자가 생존하는 동안에는 자산세를 직접 부과하지 않는다. 즉, 자산이 발생시키는 소득에만 과세한다. 여기서 스위스 및 다른 나라 은행에 예치된 자금이 거의 수익을 가져다주지 못한다고 하는 매우 폭넓게 퍼져 있는 또 다른 신화를 파괴할 필요가 있다. 비과세 적금 통장의 수익은 1.25퍼센트의 이자뿐인데, 이는 결코 백만장자들이 선호하는 투자가 아니며, 그들이 그들 자산으로 얻을 수 있는 대표적인 수익도 아니다.

전 세계적으로 주식, 채권, 부동산, 은행예금 등 모든 종류의 재산을 합산한 개인 자본의 평균 수익률은 최근 10년간 연간 5퍼센트에 달했다. 6퍼센트였던 1980~1990년대보다 경미하게 감소했을 뿐이다. 중요한 것은 여기서 인플레이션분을 제하고 이자, 배당금, 가치 상승분까지 제하고 남는 실제 수익률이다. 우리가 주요 국가들의 국가 회계 데이터를 조사하여 토마 피케티와 함께 산정한 수치[6]는 역외 계좌의 수익률을 추산하는 좋은 출발점이다.

조세 포탈자들이 조세 도피처를 통해 주로 투자펀드에 투자하면, 투자펀드는 그 돈으로 전 세계에서 약간의 자본 직접투자 자본 을 매입하고, 아시아 주식과 미국 채권 간접투자 자본, 영국 부동산과 원자재를 매입한다. 5퍼센트의 실질 수익률은 우리가 알고 있는 다변화된 거대 펀드의 이율과 완벽하게 일치한다. 최근 10년 동안 소위 '신중한' 펀드(거의 위험이 없는 채권을 40퍼센트 이상 소유하는 펀드)는 인플레이션분을 제하지 않은 상태에서 평균 6퍼센트의 수익을 거두었다. 국제 주식에 더 많이 투자하는 펀드의 수익률은 8퍼센트 이상이었다. 초갑부 전용 헤지펀드의 평균 수익률은 10퍼센트를 넘었다.

5퍼센트라는 실제 수익률을 토대로, 전 세계의 현행 세율을 감안할 때 비밀계좌를 통해 포탈할 수 있는 소득세액은 2013년 현재 800억 유로약 105조 원에 달한다.

이 포탈액에 두 가지 포탈액을 더해야 전체 조세 포탈액이 나온다. 먼저 양도세 포탈액이다. 조세 도피처에 예치된 자산 총액의 약 3퍼센트가 매년 소유주가 바뀐다. 이 막대한 금액에 평균 잡아 약 32퍼센트의 양도세를 부과한다고 보면(상속세를 아예 포기한 나라 등 나라마다 다

---

6 Thomas Piketty et Gabriel Zucman, "Capital is Back…", 참조.

르므로), 연간 450억 유로약 60조 원의 엄청난 세수 손실이 발생하고 있는 것이다. 다음으로 프랑스 등은 연대세(ISF)의 형태로 살아 있는 사람의 자산에도 과세를 한다. 여기서 세 번째 손실(약 50억 유로) 약 6조 5천억 원이 발생한다. 이로써 조세 도피처로 인해 우리가 채워 넣어야 할 세수 부족분은 연간 총 1,300억 유로약 170조 원에 달한다.

이처럼 신중한 가설에 기초해 산정된 비용은 오직 한 가지 유형의 포탈, 즉 비밀계좌를 통한 포탈에만 국한된다는 점을 강조한다. 스위스나 여타 도피처에 예치된 자금의 일부는 그 자체가 비합법적 활동(불법 노동, 마약 밀매, 뇌물, 허위 송장 등)으로 생겨난 자금인데, 여기서는 이러한 불법 활동이 유발한 세수 손실은 무시하고, 엄밀히 비밀계좌 자체가 유발하는 손실액에만 주의를 기울였다. 이 두 유형의 손실이 서로 분리될 수 없음은 물론이다. 요컨대 좀도둑질한 물건을 은닉할 수 있다는 확신은, 결과적으로 불한당 짓을 고무하게 되니 말이다.

실천적 관점에서 역외에 유치된 자금의 출처를 알 수 있는 방법, 특히 마약 밀매처럼 비합법적 활동에서 비롯된 자금과 초갑부의 조세 포탈 자금을 구별할 방법은 불행히도 이 세상 어디에도 존재하지 않는다. 게다가 여기서 산정된 손실액은 또 다른 문제를 안고 있는데, 바로 이 책 제4장에서 논의하게 될 다국적기업의 조세 최적화가 발생시키는 비용이다. 여기서는 일단 이 비용은 제외했다.

조세 포탈로 인한 손실액 산정에서 또 한 가지 기억할 점은, 이 추산들이 현행 세율을 토대로 나왔다는 것이다. 최근 10여 년간 세계 각국은 자본의 조세 도피를 막아 보고자 각종 소득세와 양도세, 재산세를 인하해 왔다. 그러나 이는 확실히 충분한 방법이 아니었다. 그 결과, 각 나라들은 이중의 고통만 입게 되었다. 조세 포탈로 인한 비용은 비용대로 지불하고, 비은닉 자산에는 더 적은 세금을 징수하게 된 것이다. 이 숨겨진 비용은 추산에 넣지 않았다. 하지만 이 비용은 세금 인하가 조세의 관점뿐 아니라 형평성의 관점에서도(자본에 대한 과세 감면은 특히 최고 특권층에게 이득이 되었다) 과도하다는 것을 보여 준다.

또한 여기서 산정된 비용에는 조세 도피처가 자산 관리 활동으로 얻은 이익은 포함되지 않았다. 왜냐하면 그 이익은 전무하거나 거의 없기 때문이다. 부유한 나라들의 관점에서 역외 민간은행은 어떤 가치도 창출하지 못한다. 즉, 스위스에 위치한 은행이나 프랑스에 있는 은행이나 똑같은 일을 한다. 중대한 차이가 있다면, 스위스 은행들은 이웃 나라들의 정부에서 도둑질을 한다는 사실이다. 비밀계좌만 아니라면 그 은행 계좌가 파리에 있건 제네바에 있건 아무 차이도 없을 것이다. 반면에 잘 발달된 은행 조직을 갖추지 못한 개발도상국 조세 도피처의 은행들은 그 은행들이 없었다면 결코 접근할 수 없었을, 이를테면 국제금융시장에 접근할 수 있게 해 주는 서비스를 제공한다. 그러므로 조세 도피처 은행들의 이용 가치가 전무한 것은 아니다.

프랑스의 사례

　　유럽 대륙에 급증하고 있는 조세 도피처를 볼 때, 유럽 경제가 조세 포탈로 가장 타격을 받고 있는 것은 사실이다. 내 추산에 따르면, 유럽에서 비밀계좌로 가능해진 조세 포탈액은 2013년 현재 500억 유로약 65조 원에 달한다. 프랑스는 170억 유로에 상당하는, 유럽에서 가장 많은 액수의 '조공'을 갖다 바치고 있다. 그러므로 프랑스의 사례는 관심을 가져 볼 만하다.

　프랑스인들이 조세 도피처에 예치한 자산의 규모를 추정할 때 사용할 수 있는 지표들은 다음과 같다. 스위스의 공식 통계가 신뢰할 만하다면 스위스에 1,800억 유로약 236조 원가 예치되어 있고, 거의 같은 액수가 홍콩·싱가포르·룩셈부르크 등과 같은 곳들(말했다시피 이곳들은 사실상 스위스 연방의 지부에 불과하다)에 예치되어 있다. 그러므로 총 3,600억 유로의 프랑스 돈이 조세 도피처에 예치되어 있는 셈이다. 이 예치액에 부과되어야 할 세액은 얼마나 될까?

　2013년 프랑수아 올랑드가 추진한 개혁으로 인해 가장 부유한 프랑스인들의 자본소득에 부과된 각종 세금(소득세, 보편사회보장세(CSG), 그리고 최근 추가된 자본소득에서 공제할 수 있는 적은 액수의 이런저런 부가세 등)은 프랑스 세제의 복잡한 세부 사항을 감안하면 44퍼센트에 달한다. 당장 여기서 발생한 손실액이 약 90억 유로약 12조 원이다. 여기에 비밀계좌 소유자들의 사망률과 관련한 자료를 바탕으로 산정한 양도세가 약 40억 유로 추가된다.

그리고 2012년 니콜라 사르코지에 의해 거의 폐지되었다가 사회
낭 정권 들어 부활됐지만, 1.8퍼센트의 과세율(2011년 누진세율 적용 기준,
최고 등급 자산가에게 적용되는 세율)이 1.5퍼센트로 줄어든 연대세 40억
유로가 다시 추가되어야 한다. 이를 모두 합치면 프랑스 국내총생산
(GDP)의 거의 1퍼센트에 해당하는 총 170억 유로의 세금이 조세 도피
자금에서 징수되어야 한다.[7]

하지만 비밀계좌를 폐지한다고 해서 프랑스 재무부가 순식간에 매
년 170억 유로를 회수할 수 있으리라고 생각해서는 안 된다. 조세 도
피처를 이용한 조세 포탈 외에, 현재 프랑스에서는 합법적인 조세 회
피 꼼수 생태계가 확산되고 있다.

가장 대표적인 꼼수가 생명보험이다. 조세 포탈자들이 생명보험에
가입한 해외 계좌를 본국으로 가져올 경우, 그 소득이나 유산에 대해
법이 정한 40~45퍼센트의 세금보다 실제로는 더 적은 세금을 내게 되
므로 언제나 수지타산이 맞는 장사가 된다. 생명보험 가입자에게 지급되는 배
당소득이나 보험금에는 각종 세제 감면 혜택이 있다 따라서 단기적으로 볼 때 비밀
계좌 폐지로 프랑스 재무부가 추가로 회수하게 될 세수는 국내총생산

---

7   이 계산을 하기 위해서 나는 다음과 같은 사실을 고려했다. 요컨대 은닉 계좌 소유자들이 그
    들이 내야 할 가장 높은 자산연대세 규정을 따르지 않는다는 점이다. 곧, '소액 계좌'들이 많으
    며, 이 계좌들은 신고되지 않은 자산 총액에 비례하는 만큼의 무거운 세금을 부담하지 않고
    있다. 이것이 그들이 금융 자산을 배분하는 일반적인 방법이다.

(GDP)의 약 0.5퍼센트에 해당하는 100억 유로가 될 것이다. 이것도 엄청난 액수이다.

장기적으로 봐서는 프랑스 GDP의 약 1퍼센트에 해당하는 금액을 추가로 징수할 수 있을 것이다. 왜냐하면 오늘날 가장 부유한 자들로 하여금 세금을 줄일 수 있게 해 주는 꼼수들에는 어떤 경제적 정당성도 없기 때문이다.

이러한 꼼수들이 살아남은 유일한 이유는, 금융 로비가 조세 포탈에 대한 공포를 도구로 활용 조세 포탈로 국부가 국외로 빠져나가지 않게 하려면 자산에 대한 세율을 낮춰야 한다 하는 데 성공했기 때문이다. 따라서 비밀계좌 폐지로 조세 포탈이 원천적으로 불가능해진다면, 그때는 국부가 빠져나갈 것이라는 조세 포탈의 공포에서부터 벗어나야 할 것이다. '계좌 단위'의 생명보험 계약은 어떤 사회적 유용성도 갖지 못한다. 그것은 단지 세금을 덜 내게 하는 보호막에 지나지 않는다.

"경제에 자금을 조달하기 위해" 보험사들이 반드시 필요하다는, 늘 반복되는 주장은 무의미하다. 지금은 1970년대가 아니다. 프랑스 보험사들은 대대적으로 외국에 투자하고, 다른 나라들도 프랑스에 대대적으로 투자한다.

프랑스에 유입된 국제 자산과 투자액은 각기 GDP의 250퍼센트에 달한다. 40년 전만 해도 20퍼센트에 불과했는데 말이다! 주식형저축계좌(PEA)를 통한 투자에 대한 세금 면제는 프랑스 유가증권 매입을 촉진시킬 것으로 기대되지만, 실제로는 목표를 실현시키지 못한다. 왜냐하면 브라질, 중국, 터키에 투자하는 투자금융을 포함한 대부분의 유럽 투자금융이 PEA 자금을 국내와 국외 중 어느 쪽에 투자할지 선택할 수 있기 때문이다.

더 많은 세금을 징수하는 것 그 자체가 목적이 아니다. 의무 공제율이 이미 대단히 높은 프랑스에서는 더더욱 그렇다. 조세 포탈과의 전쟁이 필요한 이유는, 이 전쟁을 통해 대다수 납세자(은닉할 자산이 없고, 조세 포탈의 꼼수를 전혀 혹은 거의 이용하지 않는 사람들)가 내고 있는 세금을 낮추고, 동시에 공공 재정을 회복시킬 수 있기 때문이다. 그리고 그 결과, 더 많은 성장과 사회적 정의가 실현되기 때문이다.

공공 부채, 은닉된 자산

비밀계좌가 유발하는 경제적 부담을 설명하기 위해, 도표2 는 비밀계좌가 사라질 경우 프랑스의 공공 부채에 일어날 변화를 보여 준다.

2013년 말 프랑스의 공공 부채는 국내총생산(GDP)의 94퍼센트에 달한다. 그런데 만일 개인들이 조세 도피처를 통해 조세 포탈을 하지 않는다면, 프랑스의 공공 부채는 2008년 금융 위기 직전 수준인 국내총생산의 70퍼센트로 급감할 것이다.

실제로 프랑스는 비밀계좌에서 빠져나간 세수 부족분을 메우기 위

도표 2 비밀계좌 소멸시 프랑스 공공 부채에 일어날 변화

2013년 비밀계좌의 누적 액수 : 4,800억 유로
비밀계좌가 없어지면, 프랑스의 공공 부채는 GDP의 94%에서 70%로 떨어질 것이다.

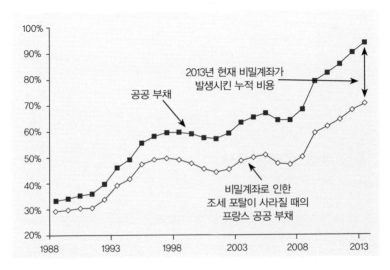

공공 부채

2013년 현재 비밀계좌가
발생시킨 누적 비용

비밀계좌로 인한
조세 포탈이 사라질 때의
프랑스 공공 부채

출처 : 국립통계경제연구소(INSEE) 및 저자의 추산(온라인 부록 제2장 참조).

해 매년 더 많은 부채를 떠안고 있으며, 이 추가 부채는 이자 지급 형태의 새로운 지출을 유발시켰다. 이 지출도 당연히 자산 은닉이 유발하는 직접 비용에 추가되어야 한다. 따라서 초갑부의 조세 포탈 문제를 진지하게 해결하지 않는다면, 프랑스 정부는 약 5천억 유로약 650조원의 부채 증가를 감당해야 한다.

은닉된 자산에 갑자기 세금이 부과된다고 생각해 보자. 그러면 과거의 조세 포탈은 어떻게 처리해야 할까?

법이 부자와 권력자만 피해 가는 것은 있을 수 없는 일이므로, 모든 형태의 사면은 금지되어야 한다. 세무행정 당국은 각각의 사례를 그 특이성 내에서 다루고, 법으로 정해진 신고 세액을 포탈 세액과 기간 등에 따라 경정更正하고, 이에 따른 형사소송에 착수해야 한다. 이것이 최선의 대응 방식이나, 신속한 해결을 원하는 이들에게는 간소화된 절차도 제공할 수 있을 것이다.

자산 은닉 행위가, 이를테면 상속 받은 계좌처럼 적극적인 조세 포탈 도식에 속하지 않을 경우, 또 해당 자금이 비합법적인 활동에서 비롯되지 않았음을 확신하는 경우, 세무 당국은 정확한 포탈 세액 산정을 포기하고 그 대신에 조세 포탈자의 신원 미공개를 약속하는 대가로 신고되지 않은 자산의 100퍼센트를 징수하는 선택권을 제안할 수 있다. 물론 해당 납세자가 선택권을 거부할 수도 있지만 대부분의 납세자는 이 제안을 받아들일 것이다. 다른 많은 나라들은 비리를 저지른 사람들의 신원을 공개하기 때문이다.

미국 세무 당국은 과거 스위스 UBS 은행 고객들의 비밀계좌 관련 정보를 인터넷 페이지로 관리하고 있다.[8] 스페인은 최근 은닉 자산에 대해 해당 금액의 100퍼센트를 상회하는 제재를 가하는 법률안을 잠정 채택했다.

이제 조세 포탈자들은 비밀계좌를 잃는 것도 모자라 주택까지 압류당할 처지에 놓이게 될 것이다. 신속한 절차를 밟는다면 이 두 가지 위험을 모두 모면할 수도 있다. 은닉된 자산 총액 전체를 몰수함으로써 세무 당국은 신속하게 그리고 가능한 한 조용히 과거를 청산할 수 있는 기회를 줄 수도 있다.

대부분의 사례들이 이런 식으로 해결되면 프랑스는 3천억 유로약 394조 원, 요컨대 국내총생산(GDP)의 15퍼센트를 단숨에 회수할 수 있다. 현재 맥락에서는 프랑스 정부가 이렇게 회수한 세수 총액을 공공 부채 축소에 할당하기로 약속하는 것이 바람직하다. 부채 이자가 그만큼 줄어들 테니 프랑스 정부는 이중의 이익을 즉가 얻을 수 있다.

비밀계좌를 일망타진함으로써 프랑스뿐만 아니라 대부분의 유럽 국가들은 긴축의 악순환에서 빠져나올 수 있다. 이렇게 회수된 자산은 정기적으로 추가 징세가 가능한 추가 소득과 양도를 발생시키고, 결국에는 가계 저축을 증가시켜 국내 경제가 부활하게 된다는 것이

---

8 다음을 참조하라. http://www.irs.gov/uac/Offshore-Tax-Avoidance-and-IRS-Compliance-Efforts.

현재의 경제모델들이 시사하는 바이다. 이는 중산층의 소득세와 부가가치세 인하를 이끌어 내는 동력이 될 것이다.

CHAPTER 3

피해야 할 오류

자산 은닉을 끝장내는 해결책들은 실제로 존재한다. 하지만 이 해결책들을 설명하기에 앞서 과거의 시도들에서 교훈을 얻을 필요가 있다. 지금까지의 모든 시도는 강제와 검증의 부재라는 두 가지 이유로 인해 쓰라린 실패로 끝났다. 미국의 해외금융계좌납세협력법Foreign Account Tax Compliance Act(FATCA)과 같은 최근의 시도들은 장래성 있는 조치들을 포함하고 있지만, 현 단계에서는 이 시도들이 상황을 근본적으로 변화시킬 수 있으리라는 그 어떠한 지표도 발견되지 않는다.

 국가들이 부적합한 정책들을 쥐고 전전긍긍하는 사이, 금융 불투명성은 빠른 속도로 발전하고 있다. 이를 해결하기 위해서는 비밀계좌가 유발하는 손실 수준에서 부과하는 구체적인 처벌과 세계금융등기부, 금융자본 총괄세와 같은 일련의 정합적이고 단호한 조치가 필요하다.

그리고 정보 의무 교환이 탄생했다···

사람들은 조세 도피처를 상대로 벌인 최초의 전쟁 및 그와 관련된 정책이 만들어진 시점이 사회적 국가와 현대적인 조세가 탄생한 20세기 초반의 벨에포크belle époque 프랑스가 유례없는 평화와 번영을 구가한 19세기 말~20세기 초의 '좋은 시대' 로 거슬러 올라간다는 사실을 잘 모른다. 당시 개혁주의자들에게 진보의 문제와 조세 포탈과의 전쟁이라는 문제는 동일한 문제였다. 최고 갑부들의 조세 포탈 여지가 존재하는 한, 누진세에 대한 동의는 있을 수 없었다. 그리고 누진세 없이는 그 액수가 아무리 적더라도 부를 재분배하고 기회 균등을 보장하며 사회적 국가를 건설할 재원도 마련할 수 없었다.

지금으로부터 100년 전 프랑스에서 조제프 카요Joseph Caillaux만큼 이 문제를 제대로 간파한 사람은 없었다. 1908년 재무부 장관이던 그는 놀랄 만큼 현대적인 두 전쟁, 요컨대 단일하고 누진적인 소득세 신설(이 소득세는 1914년에 출현한다) 투쟁과 조세 도피처와의 전쟁을 동시에 수행했다.

그 양상은 전격적이었다. 그로부터 몇 해 전인 1901년, 프랑스는 프랑스혁명 이후부터 존재해 온 상속세를 누진화했다. 새로운 양도세율은 높지 않았다. 그전까지 재산 정도에 관계없이 일괄 1퍼센트였던 것이, 최고액의 직계 상속에 대해 최고 5퍼센트로 세율이 상향 적용되었다. 하지만 이 개혁은 보수주의자들의 항의와 저항을 불러왔다. 상속 재산에 5퍼센트의 세금을 부과하는 것은 사유재산 침해라는 주장이었다. 그들은 경제학자 폴 르루아 볼리외Paul Leroy-Beaulieu가 "진보 바이러스"라고 불렀던 것을 제지하기 위해 동분서주했다.

그들의 논거는 무엇이었을까? 누진세가 사회의 토대를 위협할 뿐만 아니라, 조세 포탈에 새로운 동력을 제공한다는 것이었다. 당시 표출된 공포에 근거가 있든 없든 간에, 조세 포탈에 대한 공포는 소득세 채택을 지연시켰다. 개혁주의자들은 행정 당국의 통제 수단을 강화할 방안을 찾기 시작했다.

1901년 법은 혁명적인 최초의 포탈 방지 메커니즘, 요컨대 은행과 세무 당국 간의 의무적인 정보 교환을 도입했다. 그때까지는 은행 계좌 소유자 사망 후 개인이 그 계좌를 상속 받으려면 본인을 권리 승계자로 지정하는 공증인의 증명서만 제시하면 되었다. 물론 상속인은 상속세를 납부해야 했지만, 거기에 대한 어떠한 규제도 법으로 정해진 바가 없었다. 새로운 법률에 따르면, 이제 은행은 은행이 알고 있는 모든 상속 정보를 세무 당국에 의무적으로 알려야 했다. 이제부터 조세 문제에는 은행 비밀이 적용되지 않는다고, 입법자가 강력히 단언한 것이다. 더 중요한 것은, 은행과 공권력의 공조가 행정 당국의 요청이 아닌 '의무'였다는 사실이다.

하지만 이때 탄생한 의무적 정보 교환에는 한계가 있었다. 정보 교환 범위가 국내로 한정되어 프랑스 은행들에만 이 의무가 부과되었던 것이다. 하지만 이미 수십여 년 전부터 프랑스의 일부 거대 자산가들은 영국·네덜란드·스위스 등지의 민간은행을 이용해 자산을 관리하고 있었고, 이 같은 역외 은행들 내에서는 과세 없이 재산을 양도할 수 있었다. 조제프 카요는 즉각 이 문제에 손을 댔다. 전적으로 외국 은행 조세 포탈에 할애된 '상속세 포탈 방지를 위한 법안'을 제출한 것이다.[1]

재무부 장관 카요가 제안한 행동 계획은 간단했다. 사망한 부모 가운데 한쪽이 스위스 은행 계좌를 보유한 경우, 이를 상속 받으려면 은행에 상속 받는 이를 상속자로 지정하는 공증인의 서류를 제출해야 했다. 기존에는 은행이 고객의 상속세 납부 여부만 확인하면 되었으나, 새로운 법안은 이를 공증인 증서에 의무적으로 명시하도록 했다. 조세 포탈자는 은닉한 자산의 25퍼센트에 상당하는 벌금을 내야 할 위험에 노출되었다. 이렇게 1908년에 조세 도피처 문제가 제기되었다.

하지만 이 법안은 채택되지 못했다. 상원의 다수를 차지한 보수주의자들은 재무부 장관 카요를 맹렬히 공격했다. 게다가 이에 대한 분

---

1 *Bulletin de statistique et de législation comparée* vol. 1, 1908, p. 280. 다음의 1910년 예산안도 참조하라. *Bulletin de statistique et de législation comparée*, vol. 1, p. 627.

노로 재무부 장관의 부인 앙리에트 카요가 마지막 언론 캠페인 후에 남편 카요를 비방한 피가로 신문의 사장을 총으로 쏘아 죽이는 일까지 벌어셨다. 그러나 의회에서 다수를 확보하지 못한 상황에서도, 재무부 장관 카요는 유럽 열강들에게 밀사를 파견하여 조세 협력 협정을 직접 협상하게 했다. 신속하게 영국과 협정이 체결되었다. 조약의 작동 방식은 다음과 같았다.

프랑스와 달리 영국에서는 모든 사망자의 자산은 신탁 관리자에게 위임되고, 상속자는 특별법원인 유언검인법원의 선고 이후에야 비로소 그 자산을 소유할 수 있었다. 그런데 프랑스-영국 조약에 따라 이제 프랑스 행정 당국에 프랑스 납세자 소유의 재산 총액을 통보하지 않으면 유언검인법원이 판결을 내릴 수 없게 되었다. 카요는 하원 의원들 앞에서 이 조약에 환영을 표했고, 이미 "그 효과를 체감했다"고 말했다. 안타깝게도 아무런 수치도 밝히지 않았지만 말이다.

1908년에 세계 최초로 의무적 금융 정보 교환을 규정한 국제 조약이 출현한 것이다.

'요청에 의한' 정보 교환이라는 위선

한 세기가 지난 지금, 어떻게 잃어버린 시간이 유감스럽지 않을 수 있을까?

2009년 국제 조세 포탈과의 투쟁을 위해 G20 국가들의 위임을 받은 경제협력개발기구(OECD)는 의무적 정보 교환이 기술적으로 너무 복잡하다는 이유로 비현실적이라고 판단한다. 1908년에는 자명했던 것이 정보통신의 엄청난 발전에도 불구하고 국제기구들의 눈에는 유토피아가 되어 버렸다. OECD와 강대국들은 2009년 런던에서 개최된 G20 정상회담에 즈음해 의무적 정보 교환 대신 '요청에 의한' 정보 교환이라는 너무나 무기력한 형태의 상호 공조를 의무화했다.

프랑스 세무 당국이 조세 도피처의 은행 정보를 얻으려면 사전에 자국민의 조세 포탈을 뒷받침할 만한 근거를 갖고 의혹을 제기해야 한다는 말인데, 이렇게 되면 정보 교환은 사실상 불가능해진다. 그런데도 이러한 근거 없이는 협조가 불가능하고, 은행 비밀 규정은 그대로 적용된다. 100년 전에도 이처럼 단순하고 빈약한 방식으로 조세 포탈 문제를 공략하려 들지는 않았을 것이다. 하지만 OECD는 비밀계좌의 시대가 변했다고 주장한다. 2009년 당시 프랑스 대통령이던 니콜라 시르코지에게는 '요청에 의한' 정보 교환이 '조세 도피처의 종말'로 보인 모양이다.

지금 확인할 수 있는 이 같은 정책의 효과는 한심하기 짝이 없는 수준이다. 프랑스는 조세 도피처들과 정보 교환 협정을 수십 개나 체결했지만, 그것들 중 어느 하나도 '의무' 교환이 아니다. 이 조약들을 매개로 프랑스 재무부가 매년 제공받는 정보는 수십 건에 불과한 반면, 외국에 계좌를 소유한 프랑스인은 수십만 명이 넘는다. 떠들썩한 선언에도 불구하고 조세 포탈자들은 거의 처벌받지 않고 있다. 그들이 두려워하는 위험이라곤 도난당한 파일을 세무 당국이 입수하거나, 불법 녹음 같은 것으로 신고하지 않은 계좌 정보가 당국에 흘러 들어가는 경우뿐이다. 이것이 유효한 상호협조 요청을 정당화할 수 있는 유일한 경우이다. 이런 아이러니가 또 어디에 있을까. 합법과 불법의 경계 지대에서 획득한 정보를 활용해야만 정보 교환 협정이 비로소 기능할 수 있다니.

이 얼토당토않은 전략이 조세 포탈을 막는 데 아무런 효력도 없는 것은 너무나 당연하다. 1장에서 살펴보았듯, 2009년과 2013년 가을 사이에 스위스에서 관리되는 해외 자산 총액은 도리어 14퍼센트나 증가했다. 내 추산에 따르면, 모든 조세 도피처를 망라한 전 세계적인 수준의 증가 폭은 약 25퍼센트로 훨씬 높았다. 자발적 신고가 증가했음을 명확히 보여 주는 자료는 전무하다. 공식 통계를 보아도 유럽인들이 스위스에 은닉한 자산은 그대로이다. 결국 우리의 국가 지도자들이 '조세 도피처의 종말'을 선언한 이래로 조세 포탈은 계속해서 증가한 것이다.

'요청에 의한' 정보 교환 정책은 무의미할 뿐만 아니라, 심지어 역효과를 일으키는 것으로 밝혀졌다. 2009년 4월 정상회담에서 G20 회원국 정상들은 결과적으로 조세 도피처들을 합법화해 주고, 비협조 지역 블랙리스트에서 제외해 주는 12개 조약에 각기 서명했다. 조약의 개수가 왜 27개 유럽연합 가입국 수 나 143개 세계은행World Bank '금융이용가능도'

개가 아니라 12개였을까? 아무도 그 이유를 모른다. 기준 없이 낮춰 준 문턱 때문에 협약에 구멍이 많다는 점만은 확실하다. 세상에 본인의 거주국과 협약이 체결되지 않은 조세 도피처에 송금하는 것보다 쉬운 일은 없을 것이다.

가용한 정보에 따르면, G20의 정책에 '반응'한 소수의 조세 포탈자들은 자산을 본국으로 환금한 것이 아니라 이 조약에 가장 비협조적인 조세 도피처, 즉 외국과의 정보 교환 협약에 가장 소극적으로 서명한 조세 도피처로 자산을 이체하는 반응을 보였다.[2] 2009년에서 2013년 사이에 싱가포르는 전 세계 역외 은행예금 총액의 4퍼센트, 홍콩은 5퍼센트를 확보했다. 반대로 저지 섬은 4퍼센트를 잃었다.

이 모든 활동은 결국 단순한 기입 놀이를 표현할 뿐이다. 영국-노르망디 섬들과 싱가포르에 있는 대부분의 기관들은 사적인 관리를 수행하는 똑같은 다국적 그룹의 계열사들이다. 어차피 자금은 같은 은행의 내부에 있지만, 그들은 일부러 이 법(아니 오히려 무법)을 선택한다(이제는 아시아 지역 조세 도피처들의 법이 훨씬 안전하게 자금을 보호해 준다. 아시아의 비밀계좌는 스위스 비밀계좌에 필적할 만하지만, 미국의 압력이 현저하게 약하다. 자금 이체는 마우스 클릭 한 번이면 된다). 그러니 현금 가방을 멀리

---

2 Niels Johannesen et Gabriel Zucman, "The End of Bank Secrecy? An Evaluation of the G20 Tax Haven Crackdown", *American Economic Journal : Economic Policy*, 2014.

까지 운반할 필요가 없다. 자금이 많이 들어오면 들어올수록 조세 도 피처의 '적극적인' 전략은 더욱더 효력을 발휘한다. G20은 2009년 4월 이런 식으로 조세 포탈과의 전쟁을 어렵게 만들었다. 왜냐하면 그들의 공언에도 불구하고, 싱가포르와 홍콩이 비밀계좌를 유지하면서 얻는 이익이 훨씬 더 강력해졌기 때문이다.

카위작 사건의 교훈

우리는 수년 전부터 비정부 민간단체들의 도움을 받아 요청에 의한 정보 교환의 무용함을 비판해 왔는데, 프랑스에서 이를 단번에 백일하에 드러낸 사건이 터졌다. 바로 카위작 사건이다.

2012년 말, 프랑스 인터넷 저널 메디아파르(https://www.mediapart.fr/)는 당시 프랑스 국가예산처장이던 제롬 카위작Gérôme Cahuzac이 스위스 UBS 은행에 있는 본인 계좌를 거론하는 듯한 과거 녹취록을 폭로했다.

카위작은 정말로 신고하지 않은 자산을 소유했던 것일까? 이를 파악하기 위해 프랑스 행정 당국은 2009년 스위스와 맺은 협약을 이용하려 했다. 그러나 스위스에서 돌아온 답변은 부정적이었다. 한 마디로, 요청에 의한 정보 제공 협약이 자금세탁자를 '세탁시켜 준 것이다. 이어진 독자적 사법 수사를 통해 카위작의 스위스 계좌가 싱가포르로 옮겨졌음이 밝혀졌다. 카위작은 국가예산처장직을 사임했다.

이 사건은 해외금융계좌납세협력법(FATCA)을 의무화하려는 미국의 노력과 더불어, 요청에 의한 정보교환 규준에 결정적인 일격을 가하는 데 기여했다. OECD는 이 사건 이후 국제사회가 도달해야 할 목표가 데이터의 의무적 교환임을 인정했다. 환영할 만한 엄청난 진보가 아닐 수 없다. 하지만 카위작 사건 이후 일어난 '급속한 진척'을 운운하는 모든 주장에도 불구하고, 2013년 가을 현재 조세 도피처와의 전쟁은 여전히 거의 제로 상태에 머물고 있다. 오늘날 유럽에서 논의되는 모든 관련 정책은 사실상 세 가지 근본적인 한계에 봉착해 있다.

첫 번째 한계는, 조세 도피처들로 하여금 비밀계좌를 포기하도록 강제할 어떤 명확한 전략도 제시되지 않았다는 점이다. 2013년 가을 G20 국가들은 회원국들 간에 의무화된 협약을 토대로 은행 데이터를 교환하겠다는 의지를 천명했으나, 대부분의 조세 포탈이 일어나는 스위스·홍콩·싱가포르와는 어떠한 협약도 존재하지 않는다. OECD는 기타 다수의 조세 도피처들과 조세 관련 상호 공조 협정을 체결했고, 이는 의무적인 정보 교환 협약의 실현 가능성을 예견하는 듯 보였다. 다른 조세 도피처들도 이에 반대하지 않는다는 암시를 넌지시 비쳤다. 하지만 이 협약은 구체적인 약속 같은 것이 전혀 없는 '선의善意'의 선언일 뿐이다. 구체적 제재 위협 없이 역외 금융 중심지들이 초갑부들의 자산 관리를 자발적으로 포기할 것이라고 기대하는 것은 처벌받아 마땅한 순진함이다.

두 번째 한계는, 의무적인 정보 교환이 금융 불투명의 장벽에 부딪

힐 가능성이 다분하다는 점이다. 스위스 은행가들에게 프랑스 고객이 있느냐고 물어보면 그들은 언제나 "거의 없다", "점점 감소하고 있다", "곧 완전히 없어질 것이다"라는 판에 박힌 대답을 내놓을 것이다. 조세 도피처에 유치된 절대 다수의 계좌들은 페이퍼 컴퍼니·신탁회사·재단을 통해 유치된 계좌들이고, 이 회사들은 모두 자금과 그 실소유자를 분리시킨다는 동일한 목표를 수행하고 있다. 최고 갑부들이 실제로는 자산을 완벽하게 보존하면서도 자산 관리를 포기했다고 우길 수 있게 해 주는 법률적 꼼수들은 수없이 많다. 그 결과는 무엇일까?

이러한 형태의 자산 은닉을 타파할 철저한 조치가 취해지지 않으면, 의무적 정보 교환 협약은 미처 도피처에 자산을 숨기지 못한 소수 납세자들의 정보만 노출시킬 위험이 농후하다. 은행들은 말로는 성실히 의무를 이행하고 있다고 주장하며, 매년 그들이 보유한 비밀계좌 명단의 극히 일부만을 건네면서 계속해서 초갑부들을 비호하고 있다.

상황이 이런데도 부유한 나라들은 조세 도피처들이 국제법의 내용과 형식을 존중하고 있는지를 검증할 수단이 전혀 없다. 이것이 가장 심각한 문제이다. 현재 시행되는 모든 조치와 미래를 위한 계획은, 은행들이 의무 사항을 준수하고 있다는 가설에 근거하고 있다. 하지만 지금까지 벌어진 모든 상황은 20세기 초부터 우리의 이 같은 신뢰가 얼토당토않은 것임을 증명해 준다. 이를 다시 환기할 필요가 있을까? 법률이 존재한다는 사실만으로 그 법률이 적용되는 것도 아니고 효력을 발휘하는 것도 아니다. 우리의 지도자들은 이 점을 종종 망각하고 있는 것 같다. 그들이 자화자찬하는 모든 '승리'는 법률적 승리일 따름이다. 이러저러한 협약이 체결되고 이러저러한 계약이 체결되었다는 식으로 말이다. 하지만 그래서 실제로 사태가 변화할 것이라고 어떻게 확신할 수 있는가? 지금 조세 도피처들은 이를 입증할 의무가 없는데 말이다.

FATCA에 무엇을 기대할 수 있을까?

현재 논의되는 의무적 정보 교환의 세 가지 한계, 즉 강제의 부재, 페이퍼 컴퍼니를 통한 은닉에 맞서는 실제 전쟁의 부재, 검증의 부재는 비단 유럽의 대책에만 해당되는 사항이 아니다. 이 한계는 넓게는 유럽연합이 본받으려 하는 미국의 정책, 즉 해외금융계좌납세협력법(FATCA)에도 적용된다.

2010년에 채택되고, 2013년 여름에 최종 세부 사항이 완결된 이 법은, 외국 은행들과 미국 국세청(IRS) 간의 의무적 데이터 교환을 명시하고 있다. 전 세계 금융기관은 고객 가운데 미국 국적 소유자를 확인해서, 이들이 보유한 계좌와 소득 정보를 미 국세청에 제공해야 한다. 하지만 이 같은 미국의 야심 찬 계획도 강제와 검증의 부재라는 한계에 부딪히고 있다.

조세 도피처에 협조를 압박하는 일에 관한 한, 현재까지 미국이 유럽연합보다 더 나은 성적을 거두고는 있다. 그러나 이는 대부분의 역외 자산 소유자가 미국인이 아니라 유럽인이라는 사실과 무관하지 않은 것 같다. 대부분의 큰 금융시장은 미국의 조치에 열린 태도를 보였다. 하지만 홍콩이 미국의 조치에 최초의 균열을 냈다. 역외 자산 관리 분야에서 세계 2,3위를 다투는 금융시장인 홍콩과는 어떤 협약도 예정되어 있지 않다. 2013년 여름 의무적 정보 교환에 마지못해 동의하기 전까지, 중국 당국은 미국의 이 법을 공개적으로 비판하면서 모호한 태도를 취했다.

두 번째 문제는, 미국이 해외금융계좌납세협력법(FATCA)에 참여를 원치 않는 은행들은 참여하지 않아도 되는 가능성을 열어 두고 있다는 점이다. 그래서 제재가 예정되어 있음에도(잘된 일이다) 불구하고, 현 수준에서 더 멀리 나아가지 못하고 있다.

이 법을 준수하지 않는 은행들은 그들이 미국에서 얻는 이자와 배당금의 30퍼센트를 세금으로 징수당할 위험이 있다. 하지만 미국이 제아무리 지구촌에서 가장 큰 경제국이라고 해 봤자 별 소용이 없다. 조세 포탈자들이 미국에 투자하지 않기로 결정하면 그만이다. 따라서 어떤 은행이 미국 고객을 끌어모으고자 FATCA를 적용하지 않기로 했다면, 유럽이나 아시아에만 투자하면 그걸로 끝이다. 은행은 어떤 처벌도 받지 않게 된다.

세 번째 문제는 훨씬 더 우려스럽다. 미국은 FATCA가 제대로 시행되고 있는지를 구체적으로 검증할 방법이 없다. 은행들이 모든 고객을 정확히 확인할 것이라고 믿는 것은 순진하기 이를 데 없는 생각이다. 위험은 단순하다. 요컨대 조세 포탈자들은 빈 조개껍데기 뒤에 숨어 버리고, 은행은 그들이 관리하는 자금의 실질 수혜자를 확인하지 않는 것, 바로 이것이 미국의 법이 안고 있는 세 번째 위험이다. 이것이 상상력의 산물이라고? 하지만 이러한 유형의 자산 은닉 때문에 FATCA의 전신인 적격중개기관제Qualified Intermediary(QI) 역시 수포로 돌아갔다.

사실, 적격중개기관제도는 미국의 새로운 법안과 대단히 유사하다. 이 제도 역시 의무적 정보 교환을 예고했고, 2000년대 초반 이 제도가 시행됐을 때 수많은 관계자들은 실제로 자신들이 비밀계좌의 종말을 목도하고 있다고 여겼다. 미국 유가증권을 소유한 고객의 데이터를 제공하느냐, 아니면 투자 내용과는 상관없이 미국 국적자의 데이터를 제공하느냐가 과거 법과 새로운 법의 중대한 차이다.

어쨌든 FATCA의 전신인 QI는 성공하지 못했다. 이렇게 해서 스위스 UBS 은행은 미국 국세청과 협조 관계로 간주되는 '적격중계기관'이 되었고, 우리는 그 결과가 어떻게 되었는지를 안다. 2009년 스위스 UBS 은행은 미국인들에게 적극적인 방문판매로 조세 포탈 서비스를 판매하여(특히 페이퍼 컴퍼니들의 배후에 조세 포탈 서비스를 감추는 방식으로) 7억 8천만 달러약 9천억 원의 벌금을 맞았다.

미국 국세청은 해외금융계좌납세협력법(FATCA)의 강제력을 높이고자 관련 정보 제공자에게 거액의 포상금 지급을 약속하고, 이들의 고

발에 전적으로 의지하는 모습을 보이고 있다. 예를 들면 미 국세청은 스위스 UBS 은행의 전 직원인 브래들리 버켄필드Bradly Birkenfield에게 1억 4백만 달러약 1,200억 원 의 수표를 지급했다. 그 대가로 버켄필드는 과거 고용주가 한 일을 폭로했다. 하지만 이러한 현상금 경쟁이 일으키는 윤리적 문제 외에도, 그 유효성을 의심하지 않을 수 없다. 금전적 유인책으로 조직범죄와의 싸움에서 이길 수 있었다면, 조직범죄는 미국의 서부 정복 이후 사라졌어야 마땅하다. 버켄필드의 고발 덕분에 미국은 몇 년 사이에 중대한 진보를 이룰 수 있었지만, 이러한 성공이 다시 반복되리라는 보장은 없다. 은행과 같은 거대 조직의 컴퓨터 의존도가 과거에 비할 바 없이 커진 요즘 같은 시대에, 몇몇 '내부고발자'에게 전적으로 의존하며 조세 도피처와 전쟁을 벌인다는 것 자체가 상당히 회의적이다.

마지막 근심거리는, FATCA와 가장 유사하고 의무 정보 교환제의 또 다른 중대한 실험이었던 유럽연합예금과세지침EU Savings Directive(ESD) 이 완전히 실패로 돌아갔다는 사실이다. 강제 조치, 불투명성과 싸울 수 있는 대책, 검증 수단을 전혀 강구하지 않았던 것이 ESD의 패착이다. 이러한 사례에서 교훈을 얻지 못한다면 똑같은 재앙만 반복될 뿐이다. 이 문제는 잠시 검토해 볼 가치가 있다.

유럽연합의 ESD 스캔들

EU예금과세지침(ESD)은 역외 조세 포탈에 맞서 싸울 유럽연합의 핵심 대책이었다. 2005년 7월 1일부로 적용된 이 조치에 따르면, 프랑스에 거주하는 사람이 영국 계좌에서 이자를 받는 경우 영국이 이 사실을 의무적으로 프랑스 재무부에 통보하도록 되어 있다. ESD는 큰 성공을 거둘 가능성이 있었지만, 결국 세 가지 결점으로 파문을 일으켰다.

우선 이 조치의 범위가 배당금을 제외한 이자소득으로 한정되었다. 이유가 무엇일까? 미스터리다. 두 범주의 소득을 별도로 다루어야 할 경제적으로 유효한 어떠한 이유도 존재하지 않는다. 우리가 누차 반복해서 살폈듯이, 갑부들은 수익이 거의 나지 않는 계좌에 자금을 휴면 상태로 놔두기 위해 조세 도피처로 가지 않는다. 내 추산에 따르면, 그들의 자산은 3분의 2가량이 배당금을 지급하는 주식과 투자펀드에 투자되어 있다. 그런데 ESD는 은닉된 자산의 대부분을 과세 적용 대상에서 자의적으로 제외하였다.

이 문제는 그렇다 치고, 그렇다면 나머지 3분의 1에라도 제대로 과세할 수 있지 않을까? 그렇지가 않다. ESD가 안고 있는 또 다른 맹점은, 사실상 유럽연합의 모든 국가들이 동등하게 이 조치에 참여하지 않는다는 점이다. 룩셈부르크와 오스트리아는 특혜를 받았다. 자산 관리와 밀접한 관련이 있는 유럽연합의 두 조세 도피처에서는 여전히 은행 비밀이 엄격히 지켜지고 있다. 그다지 중요성이 없는 예외여서? 전혀 그렇지 않다.

요컨대 룩셈부르크와 오스트리아에 부여된 예외 조항은 10여 년 전부터 유럽연합이 벌인 조세 도피처와의 전쟁을 무력화시키고 있다. 유럽연합이 내부에조차 ESD를 적용하지 못한다면, 스위스나 유럽연합 밖의 다른 금융시장에는 어떻게 정보 교환 의무를 부과한단 말인가. 현재 룩셈부르크는 주요 조세 도피처들이 '은행 비밀'을 고수하는 빌미가 되어 ESD의 개정을 가로막고 있다. 이처럼 추잡한 계략 앞에서 유럽연합 강대국들이 백기를 드는 꼴을 보는 것은 유럽연합 구축이 부른 참사가 아닐 수 없다.

룩셈부르크는 정보 교환 대신에 원천징수를 택했다. 곧, 룩셈부르크 은행들은 프랑스인이 룩셈부르크 계좌에서 미신고 이자를 수령할 때 해당 액수의 35퍼센트를 세금으로 떼어내고, 이 세금의 4분의 3을 프랑스 재무부로 송금한다. 이처럼 ESD에 따른 원천세 부과로 유럽국들은 초갑부들의 이자 소득 중 26.25퍼센트(35퍼센트의 4분의 3)를 회수하는 것에 만족하고 있다. 프랑스 내에서 초갑부들이 수령하는 신고된 이자에는 44퍼센트의 세금(여기에 연대세(ISF)는 포함되지 않는다)을 징수하면서 말이다. 이해할 수 없는 방식으로 비밀계좌 보유자들이 정직한 납세자들보다 더 적은 세금을 낼 '권리'를 인정받게 된 셈이다. 오스트리아·룩셈부르크와 똑같은 규칙을 적용하기로 협정을 체결한 유럽연합 밖의 대다수 조세 도피처(스위스도 여기에 포함되지만, 싱가포르와 홍콩은 예외다)에도 이와 동일한 원천징수가 적용된다.

이 같은 정액 과세(납세자의 소득이나 자산 규모가 얼마이든지 간에 일률 35 퍼센트)는 어떤 관점에서 보아도 납득하기 어렵다.

우선 경제적 관점에서, 백만 유로의 소득과 수백 유로의 소득에 동일한 세율로 과세할 이유가 없다. 그 다음 법률적 관점에서, 이는 유럽연합 국가들의 조세 주권을 침해하는 처사이다. ESD 때문에 유럽연합 국가들은 자기 나라에 거주하는 사람들이 수령하는 이자에 부과할 세율을 자율적으로 선택할 수 없게 되었다. 조세 도피처들과 특히 룩셈부르크는 각국이 자율적으로 세제를 선택할 권리를 처음으로 옹호한 국가들인데, 실제로는 이 원칙을 처음으로 무시한 나라들이 되었다.

가장 심각한 것은 EU예금과세지침(ESD)의 세 번째 결함이다. 35퍼센트 정액 과세라는 이 부득이한 수단조차 제대로 기능하지 못하고 있는 것이다.

ESD는 개인이 직접 소유한 계좌에만 적용될 뿐, 페이퍼 컴퍼니나 신탁회사 · 펀드사 등의 중개로 소유한 계좌에는 적용되지 않는다. ESD 적용과 관련해 유럽연합과 체결한 협약에 할애된 비망록에서,[3]

---

3 Administration fédérale des contributions, *Directive relatives á la fiscalité de l épargne de l UE(retenu d impôt et declaration volontaire)*, 1er juillet 2013, 다음 주소에서 사용 가능 http://www. estv. admin.ch/.

스위스 세무 당국은 스위스 은행들에게 이 점을 아주 솔직하게 설명한다. "도덕적인 사람들에게 지급하는 이자는 협약을 위반하는 것이 아니다"(29번째 단락). '도덕적인 사람'이란 어떤 사람인가? 비망록의 31번째 단락은 총망라한 것은 아니라고 밝히며 '도덕적인 사람'의 목록을 다음과 같이 열거한다. 케이만 제도 컴퍼니, 버진아일랜드 컴퍼니, 바하마 제도 신탁금융 컴퍼니, 파나마의 주식회사와 펀드 컴퍼니, 리히텐슈타인 신탁 컴퍼니, 지주회사, 펀드사⋯. 이들이 도덕적인 사람들이다.

적어도 명확하다는 장점은 있다! 스위스나 룩셈부르크 은행 계좌 소유자들이 35퍼센트의 정액 과세를 피하려면 어떤 유령 조직에든 자산을 이전하기만 하면 된다. 그 비용은 불과 몇 백 유로에 불과하고 몇 분이면 이전이 끝난다.

금융 은닉과 싸우려는 의지를 포기한 전체가 온통 벌레 먹은 예금 과세지침 텍스트에 도달하기 위해 장장 10년간이나(최초의 논의는 1990년대 초반에 시작되었다) 협상을 벌인 것이다. 유럽연합 당국이 예금과세지침 범위에서 페이퍼 컴퍼니들을 제외한 것은 무기력하게 전쟁을 수행한 때문일까, 무능력 때문일까? 아니며 공모? 우리는 알 수 없다. 명예롭지 않은 이 사건에 대한 사회학적 연구는 과제로 남았다. 이후 유럽위원회 임명직 위원들로 구성된 독립기구 는 이 조치에 대해 두 가지 평가를 내놓는다. 유럽위원회는 이 문제를 (아주 모호한 말로) 의식하고 있다는 태도를 보이며 법안 수정을 요구했고, 룩셈부르크는 당연히 모든 수정을 거부했다. 그 결과, 애초의 법안이 8년 전부터 적용되고 있으며, 조세 포탈은 성행하고 유럽의 공공 부채는 폭발적으로 증가하고 있다.

놀랄 것도 없이 EU예금과세지침이 발생시킨 주된 효과는, 페이퍼 컴퍼니나 신탁사 혹은 펀드사에 아직 자산을 이체하지 않은 유럽연합 사람들을 자극하여 자산을 이체하도록 한 것이다. 이는 최상의 통계자료 운용이 가능한 스위스에서 특히 대대적으로 발생하였다(**도표3** 참조).

2004년 말 ESD가 적용되기 직전에 스위스 계좌의 50퍼센트는 이미 페이퍼 컴퍼니들이 소유한 상황이었고, 25퍼센트는 유럽연합 사람들이 실명으로 소유하고 있었다. 그런데 원천징수제가 실시되고 6개월 후인 2005년 말, 유럽연합 사람들의 스위스 계좌 '보유분'은 15퍼센트 (10퍼센트 감소)로 줄어들고, 페이퍼 컴퍼니의 보유 비율은 60퍼센트(10퍼센트 증가)로 늘어난다.

수백억 유로의 자산을 버진아일랜드의 신탁회사로 이체하거나 리히텐슈타인의 펀드사로 이체하는 데에는 마우스 클릭 몇 번과 제네바나 취리히에서 인쇄된 종이 몇 장이면 충분하다. 이러한 메커니즘이 심지어 스위스 내에 있는 은행과 투자신탁, 자신관리사에서 만들어졌다는 사실을 분명히 이해할 필요가 있다. 버진아일랜드에서는 아무일도 일어나지 않는다. 스위스 은행들이 의도적으로, 또 대규모로 EU예금과세지침(ESD)을 좌절시킨 것이다.

만약 유럽연합 거주민이 스위스에서 받는 전체 이자와 배당금에서 약속됐던 35퍼센트라도 제대로 공제되었다면, 이 세액은 유럽연합에

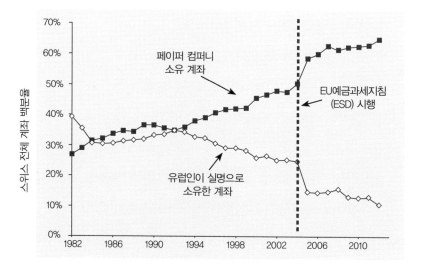

도표 3 2005년 EU예금과세지침(ESD) 효과

누가 스위스에 계좌를 보유하고 있는가?

출처 : 스위스국립은행(BNS)(온라인 부록 제3장 참조).

매년 200억 유로 약 26조 원를 확보해 주었을 것이다. 그런데 2012년 스위스가 유럽연합에 지불한 금액은 4억 유로 약 5천억 원, 요컨대 정상액의 50분의 1에 불과했다. 처벌의 부재와 페이퍼 컴퍼니를 통한 은닉, 은행에 대한 맹목적 신뢰가 예금과세지침을 붕괴시킨 것이다.

이로 인해 2013년에는, 우리의 국가 지도자들이 염원한 '유럽식 해외금융자산신고제도'가 좌초될 가능성이 농후해졌다. 2013년 봄 현재, 유럽연합 국가들은 조세 포탈에 대한 조치에 동의하고도 아직 과거의 실패로부터 교훈을 끌어내지 못하고 있다.

룩셈부르크는 2015년에 의무적 정보 교환을 시행하겠다고 약속했지만, 이 나라 수상이 스스로 고백했듯이 그렇다고 해서 "은행이 망하지는 않을 것"이다. 조세 포탈자들은 신탁회사나 다른 빈 조개껍데기로 계속 보호될 것이다.

예금과세지침의 범주에 들어갈 포탈 기관들의 명단을 작성하는 것이 문제인데, 룩셈부르크는 현재 이에 반대하고 있다. 결국 이 접근법은 막다른 골목에 봉착했다. 초갑부들과 그들의 고문, 불투명성을 제공하는 자들이 개발해 내는 기발한 법률적 꼼수는 끝이 없기 때문이다.

역외 조세 포탈에 맞설 두 번째 지침이라 할 '행정적 상호 공조'는 배당금에까지 의무적 정보 교환을 확대할 목적으로 2015년에 시행된다. 지금 봐서는 스위스를 비롯한 조세 도피처들이 여기에 참여할 리 만무하다. 심지어 이 지침에는 어떤 처벌도 언급되어 있지 않다.

2005년의 사례 EU예금과세지침 를 떠올려 보라. 과연 스위스 은행들이 여기에 기꺼이 그리고 성실하게 협조할까? 이러한 꼼수에서 벗어날 때가 됐다.

CHAPTER 4

어떻게 할 것인가?
새로운 접근법

구체적이고 현실주의적인 행동 계획이 한편으로는 '강제', 다른 한편으로는 '검증'이라는 두 가지 대원칙을 중심으로 유기적으로 조직되어야 한다.

금융 제재, 무역 제재

먼저 '강제'에 대해 말해 보자. 조세 포탈자들의 자금을 관리하는 조세 도피처들은 포탈자들로부터 막대한 이익을 끌어낸다. 조세 도피처들이 자발적으로 이 일을 포기할 이유가 없다. 특히 가장 막대한 미신고 자금의 제공자인 유럽에 굴복할 이유가 전혀 없다. 구체적인 위협을 가해야만 이들을 저지할 수 있다.

1962년 프랑스의 모나코 봉쇄만큼 이를 잘 보여 주는 사례도 없을 것이다. 당시 모나코 공국에 거주하던 프랑스인들은 소득세를 한 푼도 내지 않았다. 프랑스 당국은 이 부조리한 상황을 끝장내려 했으나, 당시 레니에 모나코 국왕은 단호했다. 모나코의 조세 주권을 건드리지 말라는 것이었다. 프랑스는 거기서 중단할 수도 있었고, 정상회담이라는 긴 담판을 거쳐 소국의 요구를 들어줄 수도 있었다. 그 수년 전부터 유럽의 대국들이 룩셈부르크에게 한 것처럼 말이다. 하지만 드골은 이를 거절했다. 1962년 10월 12일과 13일 밤 사이에, 드골은 세관원들을 파견해 프랑스와 모나코 공국 간의 국경을 복원했다. 메시지는 명확했다. 협조하지 않으면 모나코인은 세계와 단절될 위험에 처할 것이다. 결과는 즉각적이었다. 1963년부터 모나코에 사는 프랑스인도 프랑스 영토 내에 사는 사람과 똑같은 세제를 따르게 되었다.

현재 상황과 1962년 상황 간에는 몇 가지 중대한 차이가 존재한다. 하지만 이 사례는 우리에게 중요한 교훈을 준다. 즉, 힘의 관계에서 유리한 쪽은 프랑스처럼 조세 포탈의 희생양인 강대국이라는 사실이다. 조세 도피처는 난공불락이 아니다.

구체적으로 어떻게 그들을 굴복시킬 수 있을까? 가장 손쉬운 사례, 즉 금융 불투명화 서비스와 조세 포탈자들을 돕는 일을 전문으로 하는 극소국가microstate들의 사례로 이야기를 시작해 보자. 그 명단은 길고 여기서 나열해 봤자 별 쓸모도 없다. 여기서는 투명성의 국제 표준을 거부하는 극소국가들, 특히 초갑부들의 자산을 포함하여 모든 유형의 자산에 대한 은행 정보의 의무적 교환과 세계금융 등기부 창설에 불참하려는 극소국가들만을 언급하겠다.

이러한 극소국가 문제를 해결할 방안은, 미국의 해외금융계좌납세협력법(FATCA)에 정해진 제재를 보편화하고 가중시키는 데 있다. 다시 말해서, 이 극소국가들에 지불된 모든 이자와 배당금에 미국·유럽·일본이 서로 연대하여 세금을 부과하는 것이다. 실행 불가능한 일이 아니다. 대부분의 열강들은 최근 미국이 법제화한 것과 유사한 과세를 이미(때로는 아주 오래전부터) 시행하고 있기 때문이다. 따라서 프랑스도 과세 범위를 자국 밖으로 확대하여 과세에 '비협조적 국가들'로 간주되는 보츠와나, 브루나이, 과테말라, 마셜 제도, 몬트세라트, 나우루, 니우에, 저지 섬, 버뮤다 제도, 영국령 버진아일랜드로 향하는 소득에 50퍼센트까지 과세해야 한다.

금융 제재를 일반화한다는 것은, 투명성의 규준을 지키지 않는 모든 극소국가들에게 제재를 가한다는 뜻이다. 금융 제재를 가중시킨다는 것은, 원천징수율을 100퍼센트까지 높인다는 의미다. 대부분의 극소국가 조세 도피처는 사실 전적으로 금융 산업의 포로가 되어 있다. 이 나라들에서는 금융 산업 비중이 국내총생산(GDP)의 50퍼센트를 넘어가는 일도 흔하다. 그들로 하여금 현재와 같은 발전 모델을 포기하게 하려면, 재정 자립을 유도하는 것이 가장 간단하고도 효율적인 방법이다. 이렇게 하는 데에는 특별한 기술적인 문제가 필요하지 않다.

유럽, 미국, 일본이 구체적으로 행동하기만 하면 된다.

이제 대부분의 조세 포탈이 일어나는 스위스, 홍콩, 싱가포르, 룩셈부르크, 케이만 제도, 바하마 제도 같은 규모가 크고 훨씬 더 복잡한 조세 도피처 문제로 넘어가 보자. 왜 이 나라들은 모두 프랑스의 '비협조적 국가' 명단에서 빠져 있는 것일까? 그 이유는 이 나라들에 지급된 소득에 50퍼센트의 세금을 부과하는 것이 현실적으로 불가능하기 때문이다. 이 나라들은 민간은행 외에도 대개 완전히 적법한 활동을 수행하는 미국·유럽·일본의 계열사인 상업은행, 보험사, 투자금융사를 다수 유치하고 있다.

이 거대한 조세 도피처들은 모두 조세 포탈의 중심지일 뿐만 아니라 가장 중요한 금융시장들이다[1]. 이 국가들은 국제금융 시스템에서 차지하는 중심적 위치 덕분에 면책 특권을 누리고 있다. 이는 개탄할 일이다. 역외 지역에 금융을 유치하는 것은 십중팔구 경제 불안정을 가져오기 때문이다. 하지만 현재 강대국들 중 스위스나 룩셈부르크로 빠져나가는 유출 자금에 50퍼센트의 세금을 부과하는 나라는 전혀 없는 것이 현실이다.

이 문제를 해결하려면 이 나라들의 재화 교역에 타격을 가하는 수밖에 없다. 조세 도피처들은 무역 개방 없이는 존재할 수 없다. 미국이나

---

1 Ronen Palan, Richard Murphy and Christian Chavagneux, *Tax Havens:How Globalization Really Works*, Ithaca, NY, Cornell University Press, 2009 참조.

일본은 총 수출액이 GDP의 15퍼센트에 불과하지만, 스위스의 경우에는 50퍼센트, 룩셈부르크·싱가포르·홍콩은 200퍼센트로 이 분야 세계 최고 수준이다. 이 현란한 비율은 기업들의 조세 최적화와, 중국의 수출입 대부분이 경유하는 홍콩 같은 나라의 창고무역으로 부풀려진 것이다. 그러나 이 비율은 근본적인 현실을 반영한다. 요컨대 작은 나라들의 경제에서 국제 교역이 결정적인 부분을 차지한다는 것이다.

그 이유는 이미 두 세기 전부터 잘 알려져 있는데, 이것이 애덤 스미스 《국부론The Wealth of Nations》의 중심 주제이기도 하다. 자국 안에 폐쇄된 작은 규모의 경제에서는 생산자들이 협소한 시장에만 접근할 수 있을 뿐 전문화되기 어렵다. 오직 세계무역 개방을 통해서만 점증하는 규모의 수익을 내고 노동 분업을 확대시킬 수 있으며, 최종적으로 강대국 수준의 생산성에 도달할 수 있다. 조세 도피처들은 외국시장에 접근하지 않으면 생존할 수 없는 운명이다. 이 국가들의 취약점은 무역이다. 그러므로 이 분야에 영향력을 행사해야 한다.

합당한 현실적 제재

내가 제안하는 무역 제재는 정당하다. 각 나라는 비밀계좌가 유발하는 비용에 상당하는 관세를 조세 도피국에 부과할 권리가 있다. 조세 도피처들과 프랑스 행정 당국 간의 협조 부재로 인해 매년 프랑스 국세청은 200억 유로약 26조 원에 가까운 조세 손실을 입고 있다. 여기서 문제가 되는 것은, '건전한' 조세 경쟁이 아니라 전면적인 절도이다. 스위스나 룩셈부르크, 싱가포르는 자국 정부로부터 세금을 도둑질하려는 납세자들에게 그렇게 할 수 있는 가능성을 제공한다. 그것은 납세자 개인의 선택이지만, 프랑스가 그 비용을 지불해야 할 이유는 전혀 없다.

비밀계좌는 마치 온실효과를 유발하는 가스 배출처럼 전 세계에서 비용을 유발하지만, 조세 도피처들은 이를 무시해 버린다. 이를 경제 용어로 말해 보면 '외부 불경제 효과'부정적 외부효과이다. 이 문제에 대한 해결책은 영국 경제학자 아서 피구Arthur Cecil Pigou의 연구로 알려졌다. 요컨대 해당국이 외국에 입힌 손실액과 똑같은 액수를 그 나라에 과세하는 것이다. 환경을 오염시킨 당사자가 복구 비용을 지불하듯.

달리 말해서, 비밀계좌는 역외 은행들이 경쟁 우위를 점하도록 지급하는 위장된 형태의 보조금이다. 환경 규범의 부재로 공해 유발 기업들이 경쟁력을 갖는 것과 마찬가지다. 이런 형태의 위장된 보조금은 시장의 정상적인 작동을 방해한다. 숨겨진 보조금의 희생양이 된 나라들에게 그들이 당한 침해를 상쇄할 수 있는 추가 관세를 부과할 권리를 허용하여, 이런 종류의 비열한 활동을 저지하는 것이 세계무역기구(WTO)의 임무이다.

그런데 은폐된 반경쟁적 활동들이 유발하는 비용을 수치적으로 정확히 산정하기가 어렵다는 것이 이러한 접근법의 문제이다. 그렇기 때문에 숨겨진 자산이 얼마나 되는지, 또 반경쟁적 활동이 유발하는 세수 손실이 얼마나 되는지를 제대로 산정하는 것이 중요하다. 이 책이 제시하는 산정이 그 견고한 토대를 제공할 것이다. 이 추산은 공식 통계와 검증 가능한 계측에 기초한 것이기 때문이다. 만약 조세 도피처들이 이 추산에 이의가 있다면, 자유롭게 그들이 뽑은 추산을 내놓으면 된다. 하지만 그 추산은 어디까지나 운용 가능한 데이터와 맞아떨어져야 하며, 특히 조세 도피국의 유가증권 보유고에 통계적 구멍이나 있는 현재의 비정상적인 상황과 맞아떨어져야 할 것이다.

관세 제재도 현실적이다. 역내 거대 금융사들이 피해를 입겠지만, 기본적으로 역외 금융 중심지들은 무역 강대국이 아니기 때문이다. 프랑스의 경우, 단기적으로는 룩셈부르크와 금융 거래를 단절하기가 어렵겠지만 무역은 완전히 중단할 수 있다. 이러한 접근법에는 두 가지 분명한 위험이 존재한다.

우선 세율 급등의 위험이다. 스위스는 자국의 수입관세를 인상하고, 관광객이나 국경을 넘나드는 노동자들에게 국경을 폐쇄함으로써 프랑스의 수입관세율에 맞설 수 있다. 이런 식의 무역전쟁은 양자 모두 손해일 것이다. 이를 피하는 한 가지 방안은, 이러한 게임이 스위스에 어떠한 이득도 되지 못하도록 힘 있는 국가들이 연합하는 것이다. 프랑스만을 상대로는 보복 조치를 감행할 수 있어도, 유럽 강대국 동맹에는 그렇게 하지 못할 것이다. 그랬다가는 스위스 자체가 폐허가

될 것이기 때문이다.[2]

두 번째 위험은 무역 제재로는 충분하지 않다는 것이다. 예를 들어 홍콩은 비밀계좌를 포기하기보다는 인상된 수입관세율(과도하다 해도)을 받아들일 것이다. 어떤 나라와의 의무적 정보 교환 조항에 서명하는 순간부터, 그것을 다른 모든 나라에 확대 적용하지 않는 것은 사실상 불가능하기 때문이다. 십중팔구 홍콩이 자국에서 관리되는 자산에서 얻는 이익은 대對 프랑스 무역으로 얻는 이익보다 더 클 것이다. 이 문제의 해결책 역시 홍콩의 대외무역에 영향력이 큰 나라들을 포함하는 국제 동맹의 창설이다.

내가 제안하는 무역 제재와 1962년 모나코 봉쇄의 근본적인 차이는 다음과 같다. 요컨대 프랑스 단독으로는 별다른 성과를 얻을 수 없다는 것이다. 일방적인 조치는 국가 관계만 악화시킬 위험이 크다. 따라서 여러 나라와의 동맹을 통해 비밀계좌가 유발하는 비용과 동일한 액수의 관세 제재를 조세 도피국에 가해야 한다. 그래야만 주요 조세 도피처들을 굴복시킬 수 있다.

---

2 이러한 결과의 확실한 증명과 관련해서는 다음을 참조할 것. Constantinos Syropoulos, "Optimum tariffs and relation revisited: how country size metters", *Review of Economic Studies*, vol. 69(3), 2001

관세 프로젝트

이 프로젝트에서 승리하려면 어떠한 형태의 동맹을 맺어야 할까? 조정이 필요하다. 소규모 동맹은 상대적으로 구축하기가 쉽지만, 조세 도피처들과 분쟁이 일어날 가능성이 높다. 반면에 대규모 동맹은 무역전쟁의 위험은 적지만, 특히 이런 유형의 동맹은 구축하기가 훨씬 더 어렵다. 실제로 주요 역외 금융 중심국들의 무역 상대국은 제한되어 있고, 일부 나라에 집중된 형태이다. 그래서 일부 비협조적인 조세 도피국이 큰 손해를 보면서까지 보복을 감행할 수 없게 만들려면 이 몇몇 나라의 동맹이면 충분하다. 이처럼 최적의 동맹은 소규모의 동맹이고, 따라서 쉽게 구축할 수 있다.

스위스를 예로 들어 보자. 독일·프랑스·이탈리아는 스위스 수출의 35퍼센트를 담당하는 주요 무역국이지만, 이 국가들에게 스위스는 액세서리 정도의 고객(이 국가들 교역의 겨우 5퍼센트)에 지나지 않는다. 수학적으로 어떠한 무역전쟁에서도 스위스는 패배하게 되어 있다. 그러므로 중요한 것은, 스위스가 맞서 봐야 어떤 실익도 얻을 수 없는 동맹의 구축이다.

그러면 어느 정도의 관세를 부과해야 할까? 규정상 그리고 세계무역기구(WTO)의 관점에서 정당화할 수 있는 유일한 액수는, 비밀계좌가 유발한 만큼의 비용을 회수할 수 있게 해 주는 액수이다. 이 논리에 따라 내가 산정해 본 바로는, 독일·프랑스·이탈리아는 스위스에서 수입하는 재화에 30퍼센트의 수입관세를 부과할 권리가 있다. 이미 1 장에서 살펴보았듯, 스위스 은행에 은닉된 이 세 나라의 자산은 총 5 천억 유로약 652조 원이며, 이는 2013년 기준 대략 150억 유로약 20조 원의 세수 손실을 발생시킨다(소득세, 양도세, 프랑스의 경우 연대세(ISF)). 150 억 유로는 스위스산 재화에 30퍼센트의 수입관세를 부과하면 회수할 수 있는 액수이다.

이 결과와 관련해 두 가지 사항을 지적하고자 한다.

첫째, 여기서 비밀계좌가 유발한 세수 손실은 최소한으로 산정되었다. 이 손실액에는 납세자들의 스위스 자산 은닉을 우려해 이 국가들이 어쩔 수 없이 동의한 세금 인하가 발생시킨 비용은 포함되어 있지 않다. 모든 것을 종합해 볼 때 이 비용은 엄청나다. 금융자본에 대한 면세와 가장 거리가 멀었던 이탈리아가 특히 큰 타격을 입었다. 현재 이탈리아에서 주식 배당금에 부과되는 세금은 20퍼센트(소득세에 부과된 세금보다 훨씬 적다)에 불과하고, 양도세는 거의 면제된다. 그리고 금융자산에 대한 과세가 불가능하다는 생각이 너무나 만연하여, 최근 부동산 자산에 대한 세금만 인상되었을 뿐이다. 이 정책은 결국 2013 년 선거에서 마리오 몬티에게 패배를 안겨 주었다. 하지만 신중한 손실액 산정을 택하자. WTO에 이의를 제기당할 이유가 없다.

둘째로 지적하고 싶은 것은, 최적의 관세를 정하는 모든 산정에는 언제나 작은 오류의 여지가 있다는 점이다. 여러 매개변수에 의존하는 수출국들의 대응을 정확히 파악할 수 없기 때문이다. 하지만 기초

경제 이론이 우리에게 가르쳐 주는 바는 다음과 같다.

유럽 주요국이 관세를 높이면 그럼에도 스위스 수출업자들은 원칙적으로는 기존 가격을 유지할 것이고(가격은 세계적 수준에서 결정되기 때문에), 그러면 판매량은 줄어들 것이다. 이는 스위스가 프랑스·독일·이탈리아에 수출하는 재화(주로 화학제품, 기계류, 시계 등)의 규모가 현재 600억 유로약 78조 원에서 450억 유로로 줄어들 것이라는 얘기다. 이를 수입국 쪽에서 보면 수입업자가 30퍼센트의 관세를 부담한다는 점만 달라졌을 뿐, 프랑스·독일·이탈리아의 수입액은 모든 세금을 포함해 600억 유로로 기존의 거래 명세서와 차이가 없을 것이다. 그러나 스위스의 국민소득은 이 차액인 150억 유로만큼 감소하고, 스위스의 국경 지대에 있는 세 나라에서는 반대로 이 액수만큼 국민소득이 증가할 것이다. 신뢰할 만한 다른 모든 시나리오도 유사한 결론을 내놓는다.

150억 유로의 손실은 스위스에 조세 투명성 수용을 압박하기에 충분한 액수이다. 이 액수는 비밀계좌로 스위스가 얻는 총소득에 상당하는 액수이기 때문이다. 공식 통계에 따르면, 스위스의 국내총생산(GDP)에서 금융 부문이 차지하는 비율은 대략 11퍼센트인데, 여기서 사유 자산을 관리하는 금융 활동의 비중은 4퍼센트에 불과하다. 나머지는 보험업과 여타 은행업, 대출, 실명 투기 등이다.

게다가 스위스 은행들이 관리하는 자산이 모두 은닉 자산인 것도 아니다. 스위스인들의 자산은 대부분 신고된 자산이다. 따라서 비밀계좌가 스위스에 가져다주는 수입은 스위스 GDP의 3퍼센트, 요컨대 매년 150억 유로를 약간 넘는 수준이다(스위스 은행들이 관리하는 미신고 자산 총액의 약 1퍼센트). 스위스 쪽에서 보면 상당하지만, 그렇다고 결정 적인 기여는 아니다. 요컨대 통설과는 달리, 스위스는 금융 불투명성으로 먹고사는 나라가 아니다(반면에 앞서 살펴보았듯 다른 극소국가들의 경우에는 재정 자립이 관건이다). 금융 불투명성이 사라져도 스위스는 곧 회복할 수 있다.

스위스가 비밀계좌로 정확히 얼마나 벌어들이는지는 불확실한 부분이 있다. 내가 제시한 GDP의 약 3퍼센트는 신중한 액수이다(특히 조세 포탈자들의 자산은 은행들의 자산 관리 영역 밖에서 경제적 이익 추구 활동을 할 수 있기 때문이다). 여기서 중요한 점은, 비밀계좌가 그로 인해 피해를 보는 국가들에서 유발하는 비용보다 스위스에 적은 수입을 가져다준다는 사실이다. 스위스 은행이 전 세계에서 조세 포탈 서비스를 제공하는 유일한 은행이라면 높은 수수료 형태로 고객들이 포탈한 세금 전액 혹은 거의 전액을 회수할 수도 있겠지만, 이세 스위스 은행들은 독점적 지위를 누리고 있지 않으며, 1960년대처럼 엄청난 액수의 수수료를 청구할 수도 없다.

혹여 (예를 들어 스위스 은행업자들의 정치적 영향력 발휘로 인해) 30퍼센트의 관세로도 충분한 효과를 거두지 못한다면, 이 관세동맹을 다른 나라로까지 확대하는 것이 바람직하다. 요컨대 관세동맹국에 영국·스페인·벨기에를 포함시킨다면 스위스가 입게 될 손실은 GDP의 4퍼센트로 커질 것이고, 유럽연합 전체를 상대로는 총 5퍼센트에 달할 것이다. 동맹에 참여하는 국가가 많아질수록 성공할 가능성은 더 커진다. 그러나 프랑스·독일·이탈리아(이탈리아는 영국으로 교체될 수도 있다)처럼 한정된 그룹으로도 스위스 비밀계좌 폐지를 충분히 관철시킬 수 있다는 것은 낭보가 아닐 수 없다.

무역 제재의 목적이 보호주의를 복원하는 데 있는 것이 아니라, 조세 도피처들의 협력을 압박하는 데 있다는 사실을 분명히 해 둘 필요가 있다. 이상적으로는 결코 적용되어서는 안 되겠지만, 조세 도피처의 동요를 촉발시킬 만큼의 위협을 가하는 것이 관건이다. 상대국의 30퍼센트 수입관세는 그 어느 나라라도 부를 유지하기가 어려운 세율이다. 이 관세가 적용되면 프랑스·독일·이탈리아 정부는 150억 유로를 회수할 수 있게 된다. 하지만 이로 인해 스위스 수출업자들과 경쟁하는 해당 국가들의 국내 생산자들이 판매하는 재화 가격이 인상될 것이고, 이로 인해 동맹 국가들의 소비자들 역시 손해를 입을 수밖에 없다. 장기적으로는 보호주의는 철폐되어야 하고, 자유무역이 모두에게 이익이다.

하지만 조세 포탈 문제를 간과하면서 무역자유화를 지속하기란 불가능하다. 따라서 조세 포탈 문제가 다시 무역 협상의 중심에 놓여야 한다. 관세 제재가 현실적이고 적합한 방법이지만, 원칙적으로는 이를 적용하는 데까지 나아갈 필요는 없다. 그러나 협상이 성공하지 못한다면 관세를 적용해야 한다.

어떤 식이든 구체적인 압박 없이는 진보할 수 없다. 대다수 스위스

인과 스위스 기업들은 은행 투명화로 손해 볼 것이 하나도 없으며, 자기 나라가 계속 손가락질당하기보다는 차라리 비밀계좌가 사라지기를 바란다. 하지만 스위스 은행업자들이 그들의 실질적인 경제적 비중과 어울리지 않는 정치적 영향력을 행사하는 상황에서, 구체적인 제재 위협을 가하지 않는다면 그들은 현상 유지에 성공할 공산이 매우 크다. 그들은 신탁회사에 자산을 은닉할 수단이 없는 일부 고객들을 포기하면서 아예 거대 자산에 집중할지도 모른다.

같은 접근법으로 다른 큰 금융시장들에서도 협조를 얻어 낼 수 있을 것이다. 여기서 요지는, 강대국들이 뜻을 모으면 거대 역외 금융국들을 합법적인 방식으로, 상대적으로 규모가 작은 동맹 형식으로도 굴복시킬 수 있다는 점이다(**표4** 참조).

룩셈부르크의 사례

이때 문제가 되는 나라가 하나 있다. 유럽 조약으로 관세 제재로부터 보호를 받는 나라, 바로 룩셈부르크이다. 룩셈부르크를 유럽연합(EU)에서 쫓아내야 할까? 충분히 제기할 만한 문제이다. 왜냐하면 1957년 유럽연합 당시에는 '유럽경제공동체(EEC)'을 공동으로 창설한 룩셈부르크는 오늘날의 룩셈부르크와는 어떠한 연속성도 없기 때문이다. 당시의 룩셈부르크는 철강이 전부였고 금융이 차지하는 비중은 거의

표4 조세 도피처를 굴복시킬 동맹의 형태

	역외 자산 (규모 순서, 10억 유로)	비밀계좌로 얻은 이익 (GDP에서 차지하는 비율)	최적의 동맹	설정해야 할 관세율
스위스	1,800	3%	프랑스·독일·이탈리아	30%
홍콩	750	3%	미국·독일·영국· 프랑스	50%
싱가포르	750	4%	미국·독일·영국· 프랑스	55%
룩셈부르크	500	9%	프랑스·독일·벨기에	40%
바하마 제도, 케이만 제도	500	40%	미국·캐나다	100%

전무했다. 그러나 이제 룩셈부르크는 금융업을 빼면 아무것도 아닌 나라가 되었다. 어쩌면 장차 역외 금융이 룩셈부르크의 전부가 될 수도 있다(**도표 4** 참조). 룩셈부르크는 조세 도피처 중의 조세 도피처로 국제 자산 관리 회로의 전全 단계에 참여하고 있고, 다른 모든 금융시장이 이용하는 곳이 되었다.

1957년 당시 유럽연합의 제도적 토대를 마련하며 로마조약에 서명한 이들은 이 같은 대혼란을 전혀 예상하지 못했다. 그들에게 룩셈부르크는 서기 1000년 이후로 신성로마제국의 한 회원국을 계승한, 유럽연합의 꿈을 실현하고자 과감하게 참여한 오래된 나라였을 뿐이다. 그러나 오늘날 유럽연합은 덫에 걸려 버렸다. 국제금융 산업의 식민지가 된 룩셈부르크는 유럽의 조세 포탈 중심지로, 수십 년 전부터 진행된 이 재앙과의 투쟁을 마비시키고 있다. 이 재앙을 극복할 방법을 차분히 성찰하려면, 룩셈부르크의 엄청난 변화에 대해 이야기할 필요가 있다.

룩셈부르크가 업종 전환에 성공한 것은 이 나라 정치가들이 주장하듯 이른바 룩셈부르크의 안정성과 고도로 숙련된 노동력 덕분이 아니다. 사실 룩셈부르크의 인플레이션은 1970년대 이래로 거의 프랑스만큼 높았고, 독일보다는 훨씬 높았다. 이 나라의 경제활동은 국제금융의 요동에 따라 급작스럽게 변화했다. 2007년부터 2009년 사이에 룩셈부르크 노동자의 국내총생산(GDP)은 10퍼센트 감소했다(프랑스는 2퍼센트 감소했다). 이후 이 GDP는 다시 상승하지 않았다. 이 나라의

도표 4 룩셈부르크 산업구조 추이(GDP에서 차지하는 비율)

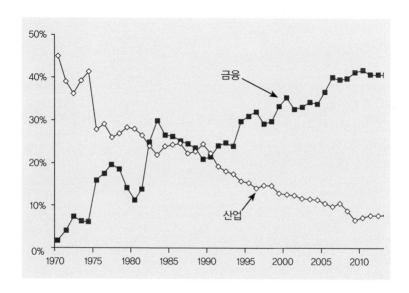

출처 : Statec(온라인 부록 제4장 참조).

유일한 안정성이라면 정치권력의 안정성이다. 룩셈부르크를 지배하는 나사우Nassau 가문은 1783년부터 대대손손 대공 작위를 세습하고 있고, 제2차 세계대전 이후 1970년대 5년의 짧은 기간을 제외하고는 기독교사회당(CSV)이 계속해서 수상을 배출하고 있다. 국내 노동력은 노령화되었고, 딱히 내다 팔 만한 독창적인 품목도 없다. 철강도 없고, 스위스 같은 자산 관리의 유구한 전통도 없고, 영국과 같은 명성 높은 대학 교육 같은 것도 없다.

오늘날 룩셈부르크가 세계 제일의 금융시장 대열에 올라선 것은, 이 나라가 그들의 주권을 상업화한 덕분이다.[3] 1970년대부터 룩셈부르크는 전례 없는 기획에 착수한다. 요컨대 전 세계 다국적기업들에게 기업 스스로 그들이 적용받을 과세율과 규제, 법적 의무를 결정할 수 있는 권한을 판매할 계획을 세운 것이다. 실제로 이 새로운 종류의 거래가 이득이 될 것이라 여긴 기업들이 많았다.

자사 고객을 위한 투자펀드를 설립하려는 거대 은행이 있다면? 그렇다면 룩셈부르크에 정착하라. 이 나라는 과세를 완전히 포기한다. 이 은행이 신주新株를 팔아 자본을 강화하면서 규제 요건까지 충족시키려 한다면? 룩셈부르크에서는 은행이 감사관에게는 주식이지만 세무 당국에는 채권이 되는 '혼합형' 유가증권을 발행할 수 있고, 여기서

---

3 주권 상품화 개념과 관련해서는 Ronen Palan, "Tax Havens and the commercialization of State sovereignty", *International Organisation*, vol. 56(1), 2002 참조.

지급받는 소득에는 법인세 공제 혜택까지 주어진다.

이 같은 '주권 장사'는 한계가 없다. 모든 것을 살 수 있고 흥정할 수 있다. 룩셈부르크는 수많은 투자금융사와 다국적기업들의 지주회사, 페이퍼 컴퍼니, 민간은행들을 매료시켰다. 기업들이 정착하자, 그 다음에는 금융·감사·상담 분야의 노동자들이 룩셈부르크로 넘어왔다. 현재 이 노동자들의 수는 15만 명 이상으로, 이들은 하루에 두 번 이상 국경을 넘나든다. 그들이 향하는 곳은 절반이 프랑스이고, 4분의 1은 벨기에와 독일이다.

물론 룩셈부르크가 주권을 파는 유일한 나라는 아니다. 천만의 말씀이다. 많은 극소국가들도 이 유혹에 굴복했다. 다른 점은, 룩셈부르크는 그중에서도 가장 멀리까지 나아간 나라라는 것이다.

2013년 룩셈부르크 생산의 3분의 1이 국경을 넘나드는 노동자들의 임금, 그리고 특히 은행·시카브SICAV펀드·지주회사들이 보유한 외국 자산들의 소득으로 지급되고 있다. 그래서 룩셈부르크의 국민총생산(GNP)은 국내총생산(GDP)의 3분의 2에 불과하다. 여기에 외국에 지급된 본원소득(임금·배당금·이자)을 공제하고 나면 룩셈부르크의 GDP는 3분의 1로 쪼그라든다.

세계 역사상 유례없는 상황이 아닐 수 없다. 아무리 규모가 작고 세계무역에 개방된 나라라도, 룩셈부르크처럼 이 정도 비율의 국가 소득을 외국에 지불하는 독립국은 없다. 이와 관련해 룩셈부르크와 유사한 유일한 예외가 푸에르토리코이다. 인구 400만의 카리브 해 제도인 푸에르토리코는 다국적기업들, 그중에서도 제약회사들을 대거 유치한 조세 도피처이다. 이곳에 유치된 자본의 거의 대부분이 미국인들 소유로, 이들은 푸에르토리코 주민들에게 일을 시키지만 모든 수익은 다시 미국인들 손에 돌아온다.

룩셈부르크와 푸에르토리코의 차이는 무엇일까? 푸에르토리코는 독립국가가 아니다. 푸에르토리코는 미국의 식민지_{자치령}이다. 푸에르토리코의 법률 대부분을 미국 의회가 공포하지만, 푸에르토리코 주민들에게는 미국 시민권이 없다. 푸에르토리코 사람들은 상원 의원과 대표자, 미국 대통령을 선출할 권리가 없다.

낮에는 주민들이 만나서 모든 법과 과세에서 자유로운 생산과 무역을 하다가 밤이 되면 순식간에 대륙으로 이동해 가족들과 재회하는, 대양 가운데 떠 있는 플랫폼을 상상해 보자. 생산의 100퍼센트가 외국에 불입되는 이곳을 국가라고 생각하는 사람은 없을 것이다. 국가는 무엇이고 플랫폼은 무엇인가? 그 경계는 어디인가? 하지만 룩·셈부르크가 2020년경에 도달할지도 모르고 현재 근접하고 있는, 50퍼센트의 문턱은 황당무계한 것이 아니다.

룩셈부르크, 그대로 둘 것인가 내칠 것인가?

분명히 하자. 룩셈부르크가 국가가 아니라면 유럽연합에

있을 이유가 없다. 유럽연합 회원국 장관들을 소집하는 EU 각료이사회와 유럽연합 회원국 정상들이 전략적 목표를 결정하는 유럽이사회 EU 정상 협의체에서, 모든 회원국은 그 나라 규모와 상관없이 자국의 목소리를 낼 수 있다. 하지만 유럽연합의 구축과 그 정신에는, 혹은 민주주의의 이성에는 세계금융 산업의 역외 플랫폼 노릇을 하는 곳이 다른 주권국들과 동등한 발언권을 행사할 수 있다는 내용은 그 어디에도 없다.

더군다나 룩셈부르크는 다른 회원국들과 마찬가지로 자국의 이익에 반하는 유럽연합의 정책을 거부할 권한도 있다. 유럽연합 국가들의 세제와 사회보장, 외무와 관련된 정책들을 결정하는 유럽이사회는 만장일치제로 운영되며, 각국은 거부권을 행사할 수 있다. 유럽연합의 권력 대부분이 행사되는 이 두 기구에서 50만 룩셈부르크 주민의 대표자가 유럽연합 주민 5억 명에게 자국의 의지를 강요할 수 있는 것이다. 룩셈부르크가 유럽연합 내에서 행사한 저지와 타협의 실체를 확인할 날이 올까? 아마도 오지 않을 것이다. 유럽이사회와 재무장관 회의 등의 의결 사항은 비밀에 부쳐지고 있고, 여기에 룩셈부르크 수상은 공개적으로 환영을 표시했다.

룩셈부르크가 지금과 같은 형태로 유럽연합에 속해 있음으로써 발생하는 또 다른 문제는, 룩셈부르크로 인해 유럽연합의 금융 안정성이 흔들릴 수 있다는 것이다. 지금처럼 비대해진 금융을 토대로 성장한 룩셈부르크 모델은 지속되기 어렵다. 종국에는 아일랜드와 키프로스의 경우처럼 유럽연합 각국이 많은 비용을 들여 구제해야 하는 재앙으로 치달을 것이다. 또 한 가지, 룩셈부르크 모델은 일반의 통념과 달리 내국인들을 부유하게 만들지 못했다. 룩셈부르크의 경제성장을 가늠할 진정한 척도인 노동자 국내총생산(GDP) 증가율은 1970년 이후 매년 1.4퍼센트에 머물고 있다. 이는 룩셈부르크를 선진국 대열의 꼴찌에 위치시키는 매우 저조한 결과이다.

룩셈부르크 주민들 간의 불평등도 급격히 심화되었다. 역외 금융 부문, 특히 법률 활동과 기업 상담 분야의 실질임금은 폭발적으로 인상되었다. 반면에 제조업·건설·운송 분야 노동자들은 20년 전부터 구매력 증가의 혜택을 전혀 보지 못했을 뿐만 아니라, 오히려 상대적 입지가 붕괴되는 체험을 하고 있다. 1980년 이래로 빈곤율은 2배로 높아졌고, 부동산 가격은 3배나 상승했다. 10만 명이 거주하는 룩셈부르크 시는 확실히 녹음이 우거진 요새화된 도시지만, 그 매력은 제한적이다. 오늘날 룩셈부르크는 런던만큼이나 물가가 비싸다. 룩셈부르크는 둘로 분단된 나라이다. 은행원·변호사·회계사는 부유하게 살지만, 나머지 주민들의 삶은 나락으로 떨어졌다. 금융업에서 배제된 이들은 학교를 신뢰하지 않는다. 국제학업성취도평가(PISA)의 조사에 따르면, 룩셈부르크의 교육 역량은 경제협력개발기구(OECD) 국가들 가운데 가장 열악한 편에 속하고 교육 불평등은 가장 심하다.

아일랜드와 키프로스의 재앙이 다시 반복되지 않게 하려면, 룩셈부르크가 긴급히 후진後進해야 한다. 후진하는 가장 간단한 해법은 무엇일까? 다른 나라들과의 적극적이고 완전한 협력을 통해 조세 포탈을 막고, 거대 기업들의 조세 최적화를 끝장내는 것이다. 물론 이러한 투명화 작업에는 많은 비용이 든다(룩셈부르크 GDP의 최소한 30퍼센트). 그러나 이는 룩셈부르크의 금융 분야가 문자 그대로 다국적기업들의 회계 조작과 비밀계좌를 이용한 개인들의 조세 포탈(GDP의 약 10퍼센트에 해당하는 수익)로 먹고살기 때문만이 아니라, 스위스와 다른 곳에 유치된 엄청난 액수의 자금이 룩셈부르크의 투자펀드에서 재활용되고 있기 때문이다.

룩셈부르크가 금융 투명화에 즉각 협조하지 않을 때, 이 나라를 위협할 방법은 명확하다. 룩셈부르크가 국경을 맞대고 있는 세 나라프랑스·독일·벨기에가 금융 및 무역 제재를 가하고, 유럽연합에서 룩셈부르크를 축출하는 것이다.

세계금융등기부 확립을 위하여

지금까지 우리는 행동 계획의 첫 번째 원칙을 분석하였다(비협조적인 조세 피난국들에 대한 제재). 이제 그 두 번째 원칙인 검증 도구의 창설로 넘어가 보자. 조세 도피처들이 협력하기로 동의한다면, 그들이 실제로 협력하고 있는지를 검증해야 한다.

이 책의 주된 주장이자 일차적인 목표는, 세계금융등기부를 창설하는 것이다. 이것만이 의무적 정보 교환 협약을 작동시킬 수 있다. 무엇이 문제인가? 주식과 채권, 전 세계의 투자펀드처럼 현재 유통 중인 유가금융증권의 총체를 누가 소유하고 있는지를 알려 주는 부동산등기부 같은 등기부가 있어야 한다.

세계금융등기부가 만들어진다면, 역내와 특히 역외 은행들이 그들이 보유한 모든 데이터를 세무 당국에 제대로 전달하고 있는지를 세무 당국이 확인할 수 있다. 이런 장치가 없으면, 스위스 은행들은 자기 은행에는 프랑스 고객이 없다고 주장할 가능성이 농후하며, 프랑스 재무부에도 제대로 정보를 넘기지 않을 것이다. 등기부가 있어야만 이와 대조하여 은행들이 신고 의무를 다하고 있는지를 확인할 수 있고, 이를 통해 초갑부들의 조세 포탈에 종지부를 찍을 수 있다. 따라서 도래할 시대에 금융 불투명성에 반대하는 모든 이들의 핵심 목표는 세계금융등기부의 확립이 되어야 한다.

세계금융등기부는 결코 유토피아적인 것이 아니다. 이미 유사한 장부들이 존재하지만, 분산된 채로 민간단체들에서 관리되고 있다. 세계금융등기부의 목표는, 이 장부들을 통합해 공권력의 감사를 받는 총괄 등기부를 만드는 것이다. 이 작업에 가장 적합한 기구는 국제통화기금(IMF)이다. 극소수 예외를 제외하고 거의 전 세계 국가들이 회원국으로 가입해 있는 국제통화기금이야말로 이 등기부를 만들 수 있는 기술력과 이를 단기간에 작동시킬 수 있는 능력을 갖춘 진정 범세계적인 유일한 기구이다. 국제 통계 규칙들을 설정하고, 자본의 흐름과 각 나라 유가증권의 대차 상황을 수집하는 임무를 담당하는 곳도 국제통화기금이다.

이미 살펴보았듯이, 각국의 유가증권 시장은 심각하게 비정상적인 상황(특히 자산과 부채 간의 심각한 불균형)에 신음하고 있다. 세계금융등 기부는 금융 안정성에 심각한 장애를 초래하는 이러한 문제들을 구체적으로 해결할 방안을 마련해 줄 것이다. 누가 무엇을 소유하고 있는지를 명확히 밝힌다면, 현재 세계 자본주의에 결여된 조절 능력이 현저히 향상될 것이다.

이 장치의 작동 방식과 유용성·안정성을 이해하려면, 우선 분산되어 존재하는 장부들이 오늘날 어떤 일을 하고 있는지를 알 필요가 있다. 1장에서 살펴보았듯이, 주식과 채권은 거의 20세기 내내 종잇조각 형태로 존재했다. 거래를 하려면 유가증권을 이 은행에서 저 은행으로 직접 들고 가야만 했고, 이는 대단히 번거로운 일이었다. 전후 성장기에 유가증권의 총량이 방대해지면서 이 체계는 마비 직전 상태에 이르렀다. 이러한 곤경을 타개하기 위해 각국은 1960년대부터(경우에 따라서는 좀 더 이른 시기에) 주식을 보관해 놓는 일종의 중앙금고를 갖추게 된다. 예를 들어 미국에서는 1973년 중앙예탁기관Depository Trust & Clearing Corp(DTC)이 설립되어 미국 회사들이 발행한 모든 유가증권을 보관하기 시작했다(공채는 뉴욕연방준비은행이 보관). 이제 은행들은 중앙예탁기관에 계좌를 하나씩 개설해 이 계좌의 차변과 대변에 고객의 증권 매도와 매수를 기록하게 되었다. 증권시장에서 종잇조각은 사라졌다. 일단 이 같은 시스템이 도입되자, 유가증권은 지체 없이 탈물질화되었다. 종이는 사라지고, 증권예탁기관의 컴퓨터에만 그 흔적이 남게 되었다.

모든 나라에 중앙증권예탁기관이 생겼다. 하지만 이 시스템에는 결함이 있었다. 1960년대 들어 미국 기업들이 미국 영토를 넘어 마르크화나 파운드화로 독일이나 영국 시장에서 직접 채권을 발행하기 시작했다. 이 국적 없는 유가증권은 미국 것도, 그렇다고 유럽 것도 아니었다. 당연히 이를 관리하는 중앙증권예탁기관도 없었다. 이때 벨기에의 유로클리어Euroclear와 클리어스트림Clearstream으로 이름을 바꾼 룩셈부르크의 세델Cedel, 이 두 결제기관이 설립되어 공백을 메우고 미국 기업들의 등기부 역할을 담당했다. 여기서 클리어스트림의 활동이 차지하는 중요성과 이 기업을 둘러싼 환상을 규명할 필요가 있다.

일단 '클리어스트림' clear+stream 이란 명칭부터가 기만적이다. 이 기업 최초의(그리고 여전히 주된) 활동은 중앙증권예탁기관의 활동이다. 확실한 곳에 무국적 채권들을(과거에는 종이 형태로, 오늘날에는 전자 형태로) 보관하고, 누가 무엇을 보유하고 있는지를 등기부에 기입하는 것이다. 이는 일종의 '재고관리' 업무이다. 클리어스트림은 아주 최근에 와서야 어음교환소clearing house 역할, 즉 마감 시간에 시장의 모든 매수자와 매도자가 서로에게 한 약속들을 확인하여 수백만 건의 전체 주문을 말끔히 정리된 제한된 거래로 변환시키는 유통관리 업무를 담당하기 시작했다. 이들은 조세 도피처와의 싸움에 특별한 관심을 보이지 않는다. 그도 그럴 것이, 오늘날 클리어스트림과 유로클리어는 수조 달러에 이르는 무국적 유가증권들을 공증할 수 있는 유일한 기관이기 때문이다.

조세 도피처를 끝장내고자 내가 제안하는 활동 계획에서는 국제통화기금(IMF)이 네 가지 임무를 담당한다.

첫 번째 임무는, (미국의 유가증권과 관련해서는) 미국중앙예탁기관(DTC)의 컴퓨터 데이터베이스, (무국적 유가증권과 관련해서는) 벨기에의 유로클리어와 룩셈부르크 클리어스트림의 컴퓨터 데이터베이스, (프랑스 유가증권과 관련해서는) 프랑스 유로클리어의 데이터베이스, 기타 다른 나라 중앙예탁기관의 컴퓨터 데이터베이스를 토대로 시중에 유통되는 유가증권의 정보를 세계금융등기부에 관리·보존하는 것이다.

두 번째 임무는 예탁기관들이 제공한 정보들을 검증하고 이를 가용한 다른 자료들, 특히 기업들의 결산 자료와 대조하여 세계금융등기부에 주식과 채권의 총체가 제대로 포함되어 있는지를 확인하는 것이다.

세 번째 임무가 가장 야심찬 것인데, 여기서 관건은 가능한 한 최대한 심도 있게 유가증권의 실제 수혜자들을 확인하는 일이다. 대부분의 예탁기관들은 서류에 유가증권의 실소유자 이름을 기입하지 않고, 단지 은행이나 투자금융사처럼 실소유자들이 경유하는 중개자의 이름만을 기입한다. 물론 스웨덴처럼 모든 개인이 증권중앙예탁기관의 직접 고객인 경우도 있다. 스웨덴은 국제적인 자금세탁을 규제하고자, 중앙예탁기관이 금융 중개 사슬을 거슬러 올라가 유가증권의 최종 소유자가 누구인지를 정확히 밝히도록 은행 등에 요청할 수 있는 권리가 있다. 바로 이것이 자금세탁과 테러 자금 지원과 맞서 싸우는 투쟁의 근본 원리다. 모든 기관은 최종 고객들의 성명과 주소를 알아야 한다.

국제통화기금(IMF)이 담당해야 할 마지막 임무는, 세무 당국이 세계 금융등기부에 접근할 수 있도록 보장해 주는 것이다. 이를 통해 세무 당국은 납세자들이 소유한 모든 유가증권이 제대로 신고되고 있는지를 확인해야 한다. 특히 역외 은행들이 보유한 모든 정보가 제대로 교환되고 있는지를 확인할 수 있다(**표 5** 참조).

요컨대, 세계금융등기부 없이는 조세 도피처를 통제할 수 없다. 허울 좋은 의무적 정보 교환은 실행에 옮겨지지 않을 것이며, 초갑부들은 자산 증가분을 숨기고도 전혀 처벌받지 않을 것이다. 은닉이 증가할수록 가장 부유한 자들에 대한 과세는 오히려 감소하고, 결국에는 완전히 사라져 버릴지도 모른다. 세계금융등기부는 21세기 '모든 자산에 대한 과세'의 필수 조건이다.

단기적으로는 세계금융등기부가 금융자산 전체가 아니라 주식과 채권, 투자펀드만을 포함할 것이다. 전 미국 재무차관 로런스 서머스 Laurence H. Summers의 반대로 현재 금융 파생상품의 권리관계를 기입한 완벽한 민간 등기부는 사실상 존재하지 않게 되었다. 최근에 만들

표5 **세계금융등기부의 구조**

클리어스트림Clearstream, 유로클리어Euroclear 등과 같은 기관의 보유 정보는 국제통화기금(IMF)이 관리하는 세계금융등기부의 원천 자료가 될 것이다. 각국의 세무 당국은 납세자들이 세계금융등기부에 기입된 모든 금융 증권을 제대로 신고했는지 여부를 검증할 수 있다.

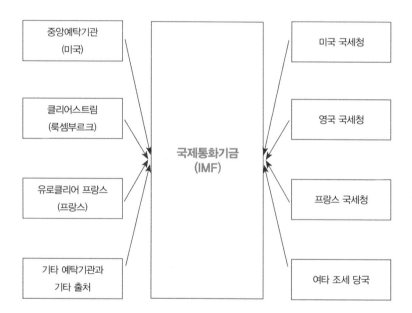

어진 등기부들은 대단히 파편적이다. 그나마 심각한 결함까지 있어서 금융 안정성을 감시하는 일을 심각하게 저해하고 있다. 그 결함들이 보완되지 않는다면 종국에는 내가 제안하는 조치들마저 무력화될 것이다. 초갑부들은 그들이 보유한 유가증권을 모두 옵션option이나 워런트warrant 등의 파생상품으로 바꿔 버릴 수 있기 때문이다. 그렇기 때문에 유가증권과 관련된 철저한 기록에 입각해 세계금융등기부를 만든 다음에는, 가능한 한 신속하게 파생상품으로 그 등기 범위를 확대해야만 한다. 단순한 조세 문제를 넘어, 금융시장 전체를 규제할 수 있는 핵심 관건이 여기에 있다.

자본에 대한 과세

세계금융등기부는 금융자산에 대한 실효적 과세를 결정하지만, 그 역도 성립한다는 점을 이해해야 한다. 세계금융등기부를 유효하게 만들고 의무적 정보 교환을 작동시키는 것이 바로 '과세'라는 말이다. 세계금융등기부는 이렇게 전 세계 자본에 대한 과세와 나란히 가야만 효과가 있다. 여기에는 두 가지 이유가 있다.

첫 번째는 실용적인 이유다. 오늘날 대다수 정부들은 납세자들의 자산 보유고뿐만 아니라 이 자산이 창출한 소득에도 과세하지 않는다. 따라서 세계금융등기부는 단기적으로는 재정적인 관심 부족에 직면하게 될 위험이 있다. 이는 유럽연합 예금과세지침(ESD)의 사례에서 다시 한 번 교훈을 얻어야 할 실제적인 위험이다. 대부분의 유럽연합 회원국들은 다른 나라에서 정보를 건네받고도 거의 아무런 조치도 취하지 않는다. 왜일까?

금융자산에 실질적인 세금을 매기는 나라가 없기 때문이다. 세계적인 금리 하락으로 은닉 자산이 발생시키는 이자가 많이 줄어든 것은 사실이다. 과세할 수 있는 액수도 감소했다. 그러나 이는 역외 자산 자체가 줄어들었기 때문이 아니라, 배당금 문제를 완전히 간과해 버리는 유럽연합 법제의 결함이 낳은 결과이다. 우리 지도자들이 보기에는 과세 가능한 액수가 너무 적어서, 다른 나라들이 제공한 데이터를 제대로 활용하게 해 주는 수단들에 투자하는 것을 정당화하기 어려운 모양이다.

그러나 금융자산에 세금을 부과하지 않는 근본적인 이유는, 무엇보다 자본에 대한 과세가 금융 불투명성에 종말을 가져올 것이기 때문이다. 같은 논리로, 자본에 대한 과세 조치 없이는 세계금융등기부 역시 불투명성에 부딪힐 위험이 있다. 금융기관이 수탁 받은 자산의 실질적 수혜자를 확인하도록 되어 있는 자금세탁방지법에도 불구하고, 무시할 수 없는 액수의 유가증권이 실질적 소유주에 대한 확인 없이 신탁회사 소유로 남아 있다. 심지어 '신분 장사'가 대규모로 발전하여 조세 포탈자나 마약 밀매업자들이 이 자산의 소유주들일 것이라는 주장도 제기된다. 이 문제에 대한 해결책이 없는 것은 아니다. 원천징수되는 '금융자본세'가 그것이다.

구체적인 예를 들어 보자. 금융자본에 2퍼센트의 글로벌 세금이 부과된다고 가정해 보자. 이는 매년 국제통화기금(IMF)이 프랑스인을 포함해 전 세계인이 보유한 유가증권(IMF에 완벽한 목록이 있다면) 가치의 2퍼센트를 각 나라를 대리하여 징수한다는 의미다. 이 세금을 내지 않으려면 한 가지 방법밖에 없다. 요컨대 납세 신고서에 자산을 모두 신고하는 것이다. 여기서 부유한 납세자들, 즉 프랑스의 경우 1.5퍼센트의 연대세(ISF) 과세 대상자들은 0.5퍼센트 정도를 환급 받게 된다. 그리고 현재 비과세 대상인 상대적 빈곤층은 2퍼센트를 전액 환급 받을 것이다.

이 방안에는 엄청난 장점이 네 가지 있다.

첫째로 현실적이다. 2퍼센트의 원천징수는 결코 유토피아적인 것이 아니다. 이와 유사한 과세가 스위스를 비롯한 여러 나라에 이미 존재한다. 이 나라들에서 기업들은 이자가 되었건 배당금이 되었건 간에 이를 소유주에게 지불하기 전에 환급 가능한 35퍼센트의 세금을 먼저 공제해야 한다. 이것이 내가 제안하는 세금과 다른 점이 무엇인가? 내가 제안하는 세금은 범세계적이고(스위스에서처럼 스위스 유가증권만 과세 대상이 되는 것이 아니라, 전 세계 모든 유가증권이 과세 대상이 된다), 자산의 백분율(유가증권 가치의 2퍼센트)로 표시되지 소득의 35퍼센트(유가증권이 발생시키는 이자와 배당금의 35퍼센트)로 표시되지 않는다. 왜냐하면 많은 유가증권은 소득을 발생시키지 않기 때문이다. 세계금융등기부가 존재하는 순간부터 이 차이로 인해 어떠한 문제도 일어나지 않을 것이다. 과세를 빠져나갈 구멍은 없다.

이 해결책의 두 번째 장점은, 각 나라가 조세 주권을 지킬 수 있다는 것이다. 왜냐하면 이 세금은 유가증권 소유자들이 자국에 한 번 신고하기만 하면 환급 받을 수 있기 때문이다. 자산 과세를 원하지 않는 나라에는 IMF가 징수한 세금 전체를 환급해 줄 것이다. 요컨대 해당국의 정책에 따라 자산에 대한 과세를 하지 않을 수도 있다는 것이다. 프랑스처럼 일괄 과세를 넘어 누진세를 부과하려는 나라는 자유롭게 그렇게 하면 된다.

이 해결책의 세 번째 장점이자 가장 중요한 장점은, 원천징수되는 글로벌 금융자본세가 페이퍼 컴퍼니나 신탁회사, 투자금융, 명의 대여 등 기타 상상할 수 있는 모든 자산 은닉 기술을 와해시킨다는 것이다. 그 이유는 단순하다. 요컨대 이 세금은 납세 신고서에 자산을 신고해야만 환급 받을 수 있기 때문이다. 자산을 은닉하려는 이들도 세금을 납부하는 것 외에는 다른 선택의 여지가 없다. 자산 은닉으로부터 어떠한 이익도 얻지 못할 만큼의 비율(가장 높은 국내 자산세 과세율을 상회하는 비율)로 과세를 확정하기만 하면 된다. 이처럼 자본에 대한 원천과세는 금융 불투명성을 깨부술 수 있는 최종 병기다. 만약 납세자가 자산 신고보다 세금 납부 쪽을 택한다면, 이렇게 징수된 세금은 기후변화에 대한 국제 공조 사례처럼 IMF의 글로벌 공공재 차관 기금으로 활용하면 된다.

마지막 장점은, 금융자본에 대한 원천과세는 각 나라들이 자산 은닉에 대한 우려 없이 폭넓은 과세표준과 누진율에 따라 각자 고유의 재산세를 만들 수 있는 길을 열어 준다는 점이다. 최근 몇 년 사이에 많은 나라들이 자산 은닉에 대한 우려 때문에 기존 재산세를 폐지하고 있다. 하지만 재산세는 금융 불투명성뿐만 아니라 불평등 해소에도 필요한 사회적 장치다.[4]

이처럼 조세 도피처와의 전쟁은 단순한 기술적 문제 이상의 사안이다. 세계금융등기부와 자본에 대한 과세로 각 국가들은 도둑맞은 주권의 일부를 회복하고 급증하는 경제 불평등도 막을 수 있다.

다국적기업들의 조세 최적화

하지만 이것으로 모든 문제가 해결되는 것은 아니다. 자산에 대한 누진세가 만들어져도, 이것이 기업의 소득세 법인세 를 대체하지는 못한다. 물론 종국에는 전자가 후자를 부분적으로 대체할 수도 있을 것이다. 특히 프랑스의 경우에는 이미 높은 수준에 도달한 의

---

4 Thomas Piketty, *Le Capital au XXIe siècle*, op, cit., 참조. 특히 다양한 누진세들이 분석되어 있는 제15장을 참조할 것. 온라인(http://piketty.pse.ens.fr/en/capital21c)에 있는 이용 가능한 모의실험 장치도 참조.

무 징수를 늘리기보다는, 그 의무 징수를 21세기 경제에 적합하게 만드는 것을 목표로 삼아야 할 것이기 때문이다. 그러나 경제적 효율성 면에서 보면 누진세와 법인세를 둘 다 활용하는 것이 바람직하다. 현재 가뜩이나 예산이 부족한 마당에 단기적으로 법인세 징수를 없애는 것은 불합리하다. 문제는, 법인세가 한계 상황에 이르렀다는 사실과 이를 다시 고안해야 한다는 것이다. 왜냐하면 조세 도피처들은 다국적기업들에게 법인세를 피해 나갈 수 있는 거의 무한한 가능성을 제공하고, 이것이 결국 주주 및 임원들에게 더 적은 세금을 낼 여지를 주기 때문이다. 그러나 이 심각한 파행을 교정할 방법은 있다.

현재의 법인세 파탄 원인은 법인세가 각 기업이 실현한 소득을 각 국가별로 명확히 산정할 수 있다는 허구적 생각에 기초하고 있기 때문이다. 이 허상은 더 이상 유지되기 어렵다. 왜냐하면 다국적기업들은 회계감사 및 컨설팅 회사들의 자문을 받아 자사 수익을 그들에게 가장 적합한 곳, 다시 말해서 세금을 가장 적게 낼 수 있는 곳에 유치하고 있기 때문이다. 게다가 강대국들은 실제로는 이중 비과세 형태를 띠는 이른바 '이중과세'를 금지하는 수백 개의 국제조약에 서명함으로써 해외에서 발생하는 수익에 대한 과세를 포기해 버렸다.

기업들의 조세 최적화는 어떻게 이루어질까? 우리의 상식과 달리 아주 단순하다. 여기에는 두 가지 기술이 존재한다. 첫 번째 기술은 '그룹 내부 대출' 기술로, 프랑스나 미국처럼 소득에 강력한 과세를 하는 나라들에 위치한 자회사들의 부채를 엄청나게 높이는 기술이다.

이 기술의 목표는, 법인세 과세율이 높은 나라에서 발생하는 소득을 축소해 이를 룩셈부르크나 버뮤다 제도 등 과세가 없다시피 한 곳에서 일어나도록 하는 것이다. 하지만 이 인기 있는 조작술은 규모의 문제에 봉착하게 된다. 요컨대 대규모 조작은 쉽게 포착된다.

조세 최적화의 두 번째 기술인 '이전가격transfer price 조작'은 훨씬 더 중요한 역할을 담당한다. 구체적으로 말해, 다국적기업 자회사들이 구매하는 상품 가격을 조작하는 기술이다. 버뮤다 제도에 있는 자회사가 프랑스에 있는 모회사에 비싼 값으로 용역을 판매한다고 해 보자. 그러면 수익은 조세 도피처에서 발생하고, 유럽이나 일본, 미국 등 거대 경제에는 손실이 발생한다. 다국적기업들은 법률적 꼼수를 동원해 이러한 술책에 열중하는 경우가 많다. 그 결과는 무엇일까? 오늘날 미국 기업들이 그러하듯 해외 수익의 절반을 네덜란드·룩셈부르크·아일랜드·버뮤다 제도·스위스·싱가포르 등 6개국에서 실현하고 있다고 발표하는 식이다. 지금으로서는 미국의 데이터와 관련된 추산만 존재하지만, 사용 가능한 최적의 추산을 활용하면 이전가격 조작으로 법인세 세수의 적어도 30퍼센트가 축소되는 것으로 나타났다.[5]

그러나 이 모든 사실이 알려지고 얘기된다 한들 무슨 소용이 있겠

---

5 Kim Clausing, "The Revenue Effects of Multimational Firms Incoming Shifting", *Tax Notes*, 2011과 Kim Clausing, "Multinational Firms Tax Avoidance and Tax Policy", *National Tax Journal*, 703(25), 2009 참조.

는가. 우리는 어쩔 수 없이 다음과 같은 명백한 사실을 인정하지 않으면 안 된다. 점점 더 악화되고 있는 이 문제는 바로, 지금처럼 이전 가격 조작이 쉬웠던 적이 없다는 점이다. 가령 바나나나 양동이를 엄청나게 비싼 가격에 사고팔 수 있고, 실제로 그런 일이 있었다. 하지만 이렇게 무식하게 했다가는 세무 당국에 추징당할 위험이 높다. 요즘에는 특허권이나 로고, 상표나 알고리즘 가격을 조작한다. 이는 매우 안전한 방법이다. 이 자산들의 가치는 명확히 산정하기 때문에 조세 포탈의 거물들인 구글, 애플, 아마존 같은 신경제 기업들이 이 방법을 주로 사용한다. 비물질 자본이 중요해지면서 법인세가 사라져 버린 격이다.

이 같은 회계 조작이 미국에만 막대한 비용을 발생시키는 것은 아니다. 회계 조작은 또한 기초적인 거시경제 통계상에서 회계가 갖는 의미를 상실하게 만들기 때문에, 당연히 금융규제를 야기하는 중대한 결과를 초래하게 된다.

아일랜드의 국민소득계정도 다국적기업들의 꼼수에 심각하게 오염되었다. 국제수지도 오염되었다. 다국적기업들은 수익의 12.5퍼센트만 과세하는 아일랜드에서 이익을 발생시키기 위해 아일랜드 자회사들을 이용해 상품을 헐값에 수입하고 인위적으로 높은 가격에 수출하고 있다. 그리하여 아일랜드 국내총생산(GDP)의 25퍼센트에 달하는 엄청난 흑자가 생겨나지만, 이 흑자는 아일랜드의 경쟁 우위와 하등 관계가 없다. 이렇게 축적된 수익은 아일랜드 주민에게는 단 한 푼도 돌아

가지 않고 전부 해당 자회사의 외국 소유주에게 다시 불입된다. 그 결과, 아일랜드 국민소득은 국내총생산의 20퍼센트쯤 줄어든다.

이전가격 조작은 게다가 부가가치의 분배까지도 대대적으로 왜곡한다. 요컨대 외국 자회사들의 수익을 인위적으로 상승시킨 결과, 무형자본이 중요한 제약산업과 같은 영역에서 자본의 비중이 50퍼센트 이상으로까지 상승해 버린 것이다.

21세기 법인세

어떻게 해야 할까? 현재 G20과 OECD 국가들이 내놓는 대책이라곤 일련의 작은 기술적 조치들로 기존 시스템을 개혁하는 수준이다. 지난 15년(최초의 노력은 1990년대 후반에 시작되었다)을 돌이켜 보면 결론은 뻔하다. 이런 대책들은 실패할 수밖에 없다. 다국적기업들은 이전가격 조작 경쟁에서 언제나 세무 당국을 앞서갈 것이다. 회계 조작을 막을 대책과 관련된 수단을 확충하는 것은 분명 바람직하지만, 세금을 둘러싼 기업과 정부의 경쟁은 공동체 전체로 봐서는 완전히 손실이 될 지출 경쟁을 유발할 가능성이 크다.

앞서 살펴본 대로, 어떠한 속임수도 통하지 않는 방법, 즉 글로벌 수익에 세금을 부과하는 방법밖에는 없다. 이렇게 얻은 세수를 여러 국가들에 할당하기 위해서는 조작 불가능한 분배 공식을 활용해야 한다. 이상적인 공식은 각 나라에서 이루어진 판매의 총액에 높은 비중을 부여하는 것이다. 이것은 기업들이 거의 통제하지 못하기 때문이다. 요컨대 프랑스 고객을 버뮤다 제도로 이동시킬 수는 없는 것이다. 문제는, 만약 중국이 미국인들만 구매하는 어떤 상품을 제조할 경우, 판매 장소만을 고려하게 되면 모든 수익(그러므로 모든 과세)을 미국이 할당 받게 된다는 점이다. 이러한 시나리오를 미연에 방지하려면 임금 총액과 생산에 사용된 자본 같은 다른 요소들도 함께 고려해야 할 것이다. 이렇게 수익이 여러 국가로 나뉘어 돌아가면, 각국은 각자 원하는 비율로 자유롭게 과세할 수가 있다.

아직까지 이에 관한 '만능' 공식은 만들어진 적이 없지만(아마도 존재하지 않는 것 같다), 이 시스템의 장점은 분명하다. 요컨대 글로벌 과세는 이전가격 조작을 무효화시킬 수 있다. 따라서 운용 가능한 추정에 따르면, 글로벌 과세를 통해 법인세의 30퍼센트 인상을 기대할 수 있다. 여기에는 법률적 위험을 최소화하면서 아일랜드나 싱가포르에서 수익을 발생시킬 방법을 찾고자 수억 유로를 쓰는 다국적기업들이 절약하게 될 자금은 포함되지 않았다. 손해를 보는 곳은 오직 조세 최적화 전문기관뿐이다. 이들은 사회적으로 유용한 활동으로 돈을 벌 길을 찾아야 할 것이다.

수익에 대한 글로벌 과세가, OECD가 그들의 보수주의를 정당화하고자 주장하듯 유토피아에 불과할까? 전혀 그렇지 않다. 이와 유사한 시스템들이 이미 지역적 규모로 존재한다. 미국만 해도 기업들의 수익이 국가 전체의 수준에서 계산되고, 이 자료는 거의 조작이 불가능한 패스워드를 통해 각 주에 송달된다. 이 자료를 받은 각 주들은 그들의 기준에 따라 자유롭게 세율을 선택해 부과한다. 유럽위원회도 유럽연합 나름의 공통통합법인세제Common Consolidated Corporate Tax Base(CCCTB)를 통해 이 문제를 유사하게 처리하도록 권한다. 유럽위원회가 채택한 분할 공식은 간단하다. 판매액과 임금 총액, 자본을 각기 3분의 1씩 계산하는 것이다. 이는 조세 최적화 자문회사들의 취미, 곧 특허·상표·로고를 위장하여 그 소재지를 역외에 둠으로써 과세 공식에서 무형자본을 제외시키는 꼼수를 타격하는 훌륭한 아이디어이다. 이 공식을 활용하면 상품 판매나 노동자 생산활동, 유형자본이 거의 없는 조세 도피처에 제재를 가할 수 있다. 그런데 문제는, 이 단계에서 쓰이는 수단이 의무적이지 않고 선택적이라는 데 있다(각 기업은 기존의 국내 세제를 따를 수도 있다).

미국과 유럽은 곧 통합된 과세 기준에 따라 작동하는 고유한 법인세 체계를 마련할 계획이다. 두 시장을 통합한다는 것은 결코 비현실적인 생각이 아니다. 유럽연합과 미국은 2015년에 유럽과 아메리카의 자유무역지대 범대서양무역투자동반자협정Transatlantic Trade and Investment Partnership(TTIP) 신설 방안을 논의할 예정이다. 2016년 4월 현재 논의 중이다. 이 협상에서는 당연히 법인세 공통 과세 기준의 창설이 쟁점이 되어야 할 것이다. 회계 조작과 조세 포탈과 맞서 싸우려면 다시금 조세 문제를 무역정책의 중심에 위치시켜야 한다.

지체할 이유는 없다. 전 세계적으로 높은 수준의 협력을 필요로 하는 세계금융등기부의 창설과 달리, 법인세 개혁은 미국과 유럽만 힘을 합하면 수행할 수 있다. 유럽과 미국은 제 손으로 서명한 이중과세 방지협약을 뒤엎고 다국적기업들에 대한 과세 방식을 다시 선택할 수 있다. 미국과 유럽연합이 협약을 체결한다면, 이전가격이 불러일으키는 논란을 끝장내고 21세기 조세 시스템에서 법인세가 차지하는 위치를 신중하게 재고할 범세계적 과세 표준의 초석을 마련할 수 있다.

그릇된 숙명론과의 투쟁

이 책은 엄청난 자산과 다국적기업의 조세 포탈이 이루어지는 구체적인 방식을 밝히고 있다. 그리고 이러한 조세 포탈이 각 국가들에 발생시키는 비용, 다시 말해 우리 모두에게 유발하는 비용을 산정하고 이 비용을 소멸시킬 수단들을 제안한다.

유럽은 끝없는 위기에 빠져 있다. 이 위기가 불가역적인 쇠퇴의 징조라고 생각하는 사람들이 많다. 그러나 '늙은' 유럽 대륙은 세계에서 가장 부유한 대륙이고, 이는 단기간에 변할 수 있는 것이 아니다. 그런 유럽에서 사유 자산이 공공 부채보다 현격하게 많다. 그리고 사람들이 생각하는 것과 달리, 이 자산에 대한 과세는 가능하다. 비록 그 수익은 버뮤다 제도로 떠나 버려도 공장들은 그렇게 하지 못한다. 돈은 스위스에 숨겨지지만 스위스에 투자되지는 않는다. 자본은 유동적이지 못하고 은닉된다. 유럽은 서로서로 절도를 저지르고 있다.

이러한 악순환은 막을 수 있다. 세계금융등기부, 의무적 정보 교환, 자본에 대한 글로벌 과세만 성취된다면 조세 포탈은 극복할 수 있다. 이것은 유토피아일까? 불과 5년 전, 여러 나라들이 의무적 정보 교환에 동의하기 전에 국제기구들이 했던 말이다. 2015년 G20 정상회의에서 역외 탈세 근절을 위해 국가 간 조세 정보 교환을 확대하기로 합의함 내가 제안하는 방안들에 기술적으로 문제가 되는 것은 없다. 조세 도피처들의 저항도 극복할 수 있다. 그들의 저항은 그에 상응하는 무역 제재로 위협하면 저지할 수 있다.

이러한 해결책들이 존재하는데도 불구하고, 각국 정부들은 과감성이나 단호함 측면에서 보여 준 것이 거의 없다. 이제 각국 정부가 그들이 져야 할 책임에 직면할 때가 되었다.

많은 프랑스 사람들은 선언과 행동 사이의 엄청난 간극에 진절머리를 내고 있다. 유럽, 특히 조세 도피처들에서는 시민사회가 결집해야 한다. 나는 룩셈부르크의 대다수 주민들(최근 선거에서 간신히 투표율 50퍼센트를 넘긴)이 룩셈부르크가 역외 금융의 포로가 되는 것에 동의한다고 생각하지 않는다. 스위스 은행들이 조세 의무를 회피하려는 부자들에게 적극적인 도움을 주는 것에 다수 스위스 주민들이 동의한다고 생각하지 않는다.

대규모 조세 포탈을 청산하기 위해 수행되어야 할 싸움은 비단 국가들 간의 싸움에 한정되지 않는다. 그것은 무엇보다, 조세 포탈 및 국가의 무기력을 부른 그릇된 숙명론에 대한 시민들의 투쟁이다.

1

2009년 런던에서 개최된 G20 정상회담에서 각국 지도자들이 "조세도피처는 이제 끝났다'고 떠들썩하게 선언했음에도 불구하고, 오늘날 전 세계의 조세 도피처들은 그 어느 때보다도 건재하다. 이 책의 저자 가브리엘 주크만은 이제껏 분석된 적 없는 방대한 데이터를 통해 조세 도피처의 건재함을 증명하고 있다. 이 데이터들은 그의 온라인 페이지(www.gabriel-zucman.eu/richesse-cachee)에서 확인할 수 있다.

주크만에 따르면, 오늘날 전 세계 가계 금융자산의 8퍼센트, 5조 8천억 유로가 조세 도피처에 유치되어 있다. 이는 사상 최대 액수다. 그뿐인가. G20 정상들이 조세 도피처의 종말을 선언한 2009년 이후, 세계 제일의 조세 도피처인 스위스의 자산이 무려 14퍼센트나 증가했다!

그리스의 부채와 비교해 보면 조세 도피처에 은닉된 5조 8천억 유로가 얼마나 엄청난 액수인지 알 수 있다. 유럽연합을 위기에 몰아넣은 그리스의 대외부채는 2,300억 유로로, 조세 도피처 자산 총액의 20분의 1에 불과하다. 게다가 이는 유가증권 형태로 은닉된 가계 금융자산 액수일 뿐, 다국적기업들의 조세 최적화 액수는 포함시키지 않은 것이다.

그렇다면 조세 도피처에 있는 가계 금융자산에서 거두어들여야 할 세수는 어느 정도일까?

주크만은 조세 도피처로 인해 전 세계에서 매년 1,500억 유로의 세수 손실이 발생한다고 말한다. 프랑스에서만 국내총생산의 1퍼센트인 170억 유로의 세수 손실이 발생하는데, 국가재정 수지를 맞추느라 심각한 어려움을 겪고 있는 프랑스(프랑스 재무부 장관은 2014년 재정 수지를 맞추는 데 50억 유로가 부족하다고 말한 바 있다)에게, 연간 170억 유로의 세수 손실은 참을 수 없는 현실이 아닐 수 없다.

이 정도 세수 손실을 입지 않았다면 프랑스의 국가 부채도 현재와 같은 국내총생산의 98퍼센트에 이를 정도로 불어나지는 않았을 것이다. 주크만의 지적대로 진지하게 조세 도피처 문제를 해결하려고 시도했다면, 프랑스의 국가 부채는 국내총생산의 70퍼센트 정도에 머물렀을 것이다. 국내총생산의 98퍼센트와 70퍼센트는 엄청난 차이다.

조세 도피처에 은닉된 재산에 제대로 과세했다면 긴축재정의 악순환에서 벗어나는 것은 물론이고, 무엇보다 중산층과 서민의 세금을 인하하고 공공 부채의 일부를 상환할 수 있었다는 데 조세 도피처의 윤리적 폐해가 있다. 주크만의 주장처럼 "조세 포탈과의 전쟁이 필요한 이유는, 이 전쟁을 통해 대다수 납세자(은닉할 자산이 없고, 조세 포탈의 꼼수를 전혀 혹은 거의 이용하지 않는 사람들)가 내고 있는 세금을 낮추고, 동시에 공공 재정을 회복시킬 수 있으며, 그 결과 더 많은 성장과 사회적 정의가 실현되기 때문이다."

그런데도 주요 나라의 위정자들은 초갑부들의 조세 포탈 문제 해결에 진지하게 나서지 않고, 조세 도피처의 자산에 과세하지 않음으로써 국가가 빚을 지도록 방조하고, 그 초갑부들에게 빚을 끌어와 국가재정을 충당하고, 절대 다수의 국민들에게 거둔 세금을 다시 그들의 주머니에 '이자' 명목으로 넣어 주고 있다. 왜? 주크만은 묻는다. 그리고 이 고리를 끊자고 제안한다. 그 제안과 해법이 이 책에 담겨 있다.

2.

불행하게도 전 세계 조세 도피처들은 꾸준히 번영을 누리고 있다. 하지만 주크만은 이들을 얼마든지 제압할 수 있다고 말한다. 그가 제안하는 조세 도피처와의 전쟁에서 승리할 수 있는 효율적이고 현실적인 세 가지 무기는 이러하다. 첫째 '세계금융등기부' 확립, 둘째 은행 데이터의 의무적 교환 체계

마련, 셋째 자본에 대한 글로벌 과세 체계 적용.

낯선 용어인 '세계금융등기부'는, 프랑스대혁명 당시 국가의 부를 파악하기 위해 만들었던 부동산등기부와 유사한 것이다. 1791년 대혁명 당시 제헌의회가 부동산등기부를 확립한 목적은, 프랑스대혁명의 원인이 되었던 앙시앙 레짐 하 귀족 계급과 성직자 계급의 '비과세' 토지 자산을 파악하기 위해서였다.

이 불공평과 부조리는 200여 년이 흐른 지금까지도 해소되지 않고 있다. 극소수의 초갑부들이 대부분의 부富를 차지하는 것으로도 모자라 그 부에 대한 세금까지 회피하는 이 불공평을 해결하지 않으면, 1789년 프랑스대혁명을 부른 격렬한 분노와 위기의식에 다시금 봉착하게 될 것이라는, 요컨대 오늘날 민주주의 체제는 그 불공정성으로 인해 파괴되고 말 것이라는 경고를 이 책은 담고 있다.

우리의 예상과 달리, 이 불공정함을 깨뜨릴 방법은 200여 년 전보다 오히려 더 간단하다. 1791년에는 자산의 대부분이 토지 같은 부동산이었지만, 오늘날에는 금융자산이 대부분을 차지한다. 따라서 토지를 파악하여 부동산등기부를 만들 듯, 세계에 유통되고 있는 유가증권의 실소유주를 파악하여 '등기'하는 금융등기부를 만들면 된다. 물론 이는 한 나라의 힘만으로는 어려운 일이다. 여러 나라가 힘을 합쳐야 한다.

이는 절대 유토피아적인 이야기가 아니다. 이미 유사한 금융등기부가 존재한다. 다만, 이 등기부들이 분산되어 있고, 룩셈부르크의 클리어스트림이나 벨기에의 유로클리어와 같은 사기업이 이 등기부를 관리하고 있다는 것이 문제다. 따라서 누가, 무엇을 소유하고 있는지를 기록한 분산된 기록들을 통합하여 그 관리 권한을 국제통화기금(IMF)과 같은 공권력에 이양하면 된다.

3

주크만은 세계금융등기부 확립과 함께, 은행 데이터의 의무적 교환을 강조한다. 그 이유는 무엇일까?

100년 전부터 오늘날까지 프랑스의 은행들은 고객들이 벌어들인 소득과 소유하고 있는 재산 관련 정보를 세무 당국에 의무적으로 제공하고 있다. 하지만 스위스·싱가폴·홍콩·케이만 제도 등 역외 은행들에겐 고객들의 정보를 제공해야 할 의무가 없다. 이 문제를 해결할 방법은? 주크만은 국가 내부에 존재하는 의무 정보 제공 시스템을 역외 은행들로까지 확대하자고 제안한다.

물론 이렇게 한다고 해서 전 세계를 뒤덮고 있는 금융 불투명이 완전히 걷히는 것은 아니다. 결국 문제는 비밀계좌이다. 어떻게 이 비밀계좌를 척결할 것인가, 바로 이것이 조세 도피(포탈) 문제의 핵심이다.

역외 조세 포탈과의 전쟁에서 관건은, 조세 도피처들을 어떻게 압박하여 세계금융등기부 작성에 협조하도록 만들 것인지, 그들이 관리하는 재산의 실소유주가 누구이고 실질적 수혜자가 누구인지를 검증해 주도록 만들지에 있다. 일반인들도 아는 '상식' 대로, 오늘날 스위스로 가 있는 외국인 은행 계좌 대부분은 자신의 정체를 감추고자 신탁사, 페이퍼 컴퍼니, 재단, 지주회사를 이용하는 초갑부들의 계좌이기 때문이다. 이런 식으로 실소유주 확인이 불가능한 수백억 유로, 수조 달러, 수조 원이 전 세계를 순환하며 부의 불평등을 심화시키고 있는 것이다.

그렇다면 조세 도피처들이 비밀계좌 정보를 공개하지 않을 수 없게 만들 방법은? 정확하고, 구체적이며, 실효적인 제재를 그들에게 가하는 것이다. 주크만은 수입관세 부과를 중요한 '무기'로 거론한다. 어떻게 보면 당연하고도 간단한 방법이다. 그들로 인해 입은 손실만큼의 관세를 그들에게 부과하여 도둑맞은 돈을 되찾아 오면 된다. 일종의 무역 제재인 셈이다.

사실 비밀계좌는 자본주의사회의 작동 원리인 경쟁을 왜곡시키는 '꼼수'이다. 스위스 은행들은 다른 나라 은행들과 동일한 조건에서 경쟁하고 있지 않다. 스위스 은행들의 비밀계좌는 명백한 경쟁의 왜곡이다. 따라서 스위스에 관세를 부과한다 해도 원칙적으로 세계무역기구(WTO)는 아무 할 말이 없다.

물론 주크만도 수입관세라는 무역 제재 형식이 자유무역이라는 세계적인 흐름에 역행하는 것임을 알고 있다. 그는 어디까지나 조세 도피처들을 굴복시켜 비밀계좌 사업을 포기하게 만들기 위한 일종의 압박 수단으로 수입관세 부과 카드를 꺼내 든 것이다. 이처럼 강력하고 논쟁적인 압박책 없이는 스위스가 굴복하지 않을 것이기 때문이다.

주크만의 이야기 중 특히 인상적인 대목은, 조세 도피처가 벌어들이는 돈이 조세 도피처 국민들에게 전혀 돌아가지 않는다는 것이다. 룩셈부르크의 외국 갑부들은 엄청난 돈을 벌어들이지만, 룩셈부르크 국민들의 실제 삶은 점점 나락으로 떨어지고 있다. 조세 도피로 거두는 수익 대부분이 외국으로 빠져나가기 때문이다.

이 얼마나 아이러니한 일인가. 부의 편중과 분배 불평등 문제가 집약되어 있는 '21세기 자본'의 맹점이 바로 조세 도피처인 것이다.

주크만이 이 책에서 제시하는 해결책은 명료하며 현실 가능하다. 그런데도 아직까지 적용되지 않는 이유는 무엇일까? 정치적 의지의 결여 때문일까?

물론 그렇다. 세계 시민들이 주크만이 제안하는 새로운 아이디어와 제안에 관심을 기울여야 하는 것은 바로 이 때문이다. 시민들이 자국의 정치가와 정부를 압박하여 이 해결책들을 현실에 적용시켜야만 진짜 변화가 일어날 수 있다.

2016년 4월 심세광

_{자료} 조세도피처로 간 한국인들

2013년 4월 국제탐사보도언론인협회(ICIJ), 버진아일랜드 은닉 재산 폭로. 뉴스 타파, 조세 도피처 7곳에 34개 국내 대기업이 165개 현지 법인을 설립한 사실 확인 보도

2013년 5월 뉴스타파·ICIJ, '조세피난처 프로젝트' 공동취재 1차 결과물 명단 발표. 한국인 245명 확인. 재벌 총수와 그 일가 사회지도층 인사 들 상당수 포함

2013년 6월 전두환 전 대통령 장남 전재국 씨, 2004년 영국령 버진아일랜드 의 페이퍼 컴퍼니 설립 확인

2013년 7월 김우중 전 대우그룹 회장 아들, 유령회사 통해 600억원 대 베트남 고급 골프장 소유 확인

2013년10월 조세 당국, 뉴스타파 폭로 자료 토대로 1조원 대 국부 유출 적발. 전두환 전 대통령 장남 전재국 씨와 김우중 전 대우그룹 회장 3남 김선용 씨, 국정감사 증인 출석

2014년 11월   뉴스타파 등 ICIJ 파트너, 룩셈부르크 통한 조세 회피 실태 전 세계
동시 공개. 국민연금, 룩셈부르크와 케이만 제도 등에 페이퍼 컴퍼
니 설립해 해외 부동산 투자

2015년 6월   뉴스타파·ICIJ, 100억 원 예치된 한국인 관련 스위스 은행 비밀계
좌 발견

2016년 4월   파나마의 로펌 '모색 폰세카Mossack Fonseca' 금융 기록 대거 유
출. 노태우 전 대통령의 장남 노재헌 씨, 영국령 버진아일랜드에
유령회사 설립 확인

출처 : 비영리 독립 언론 한국탐사저널리즘센터/뉴스타파(http://newstapa.org/tax-haven)

국가의 잃어버린 부

2016년 5월 5일 초판 1쇄 발행

지은이 | 가브리엘 주크만
옮긴이 | 오트르망
펴낸이 | 노경인 · 김주영

펴낸곳 | 도서출판 앨피
출판등록 | 2004년 11월 23일 제2011-000087호
주소 | 우)120-842 서울시 영등포구 영등포로 5길 19(37-1 동아프라임밸리) 1202-1호
전화 | 02-336-2776   팩스 | 0505-115-0525
전자우편 | lpbook12@naver.com
홈페이지 | www.lpbook.co.kr

ISBN 978-89-92151-98-6